神奈川

旅カフェ案内

海と森のすてきなCafe

エー・アール・ティ鎌倉編集部 著

Mates-Publishing

MORICAFE 森 CAFE

Contents

※本書は2016年7月発行の『神奈川　すてきな旅CAFE
～森カフェ＆海カフェ～』の改訂版です。

UMICAFE 海 CAFE

大船駅
如意庵茶寮安寧 an-nei → P84
NEST → P76
明月院 月笑軒 → P82
小田急江ノ島線
藤沢本町駅
JR横須賀線
藤沢駅
湘南町屋駅
北鎌倉駅
湘南深沢駅
Cafe 鎌倉山エンクエントロ → P64
湘南モノレール
石窯ガーデンテラス → P72
本鵠沼駅
House of Pottery → P68
喫茶 吉野 → P80
le milieu → P70
鶴岡八幡宮
鵠沼海岸駅
江ノ島電鉄線
片瀬山駅
西鎌倉駅
鎌倉駅
CAFE MERCI CAMP! → P24
目白山下駅
湘南江の島駅
OpenBiC CAFE Hemingway → P18
由比ヶ浜駅
和田塚駅
ロンハーマン カフェ → P28
江ノ島駅
片瀬江ノ島駅
腰越駅
鎌倉高校前駅
長谷駅
極楽寺駅
稲村ヶ崎駅
七里ヶ浜駅
江ノ島電鉄線
京急逗子線
南町テラス → P26
逗子駅
Pacific DRIVE-IN → P20
新逗子駅
LONCAFE 湘南江の島本店 → P14
Café Madu 江の島店 → P10
RESTAURANT LA MARÉE → P30
江ノ島〜鎌倉〜葉山

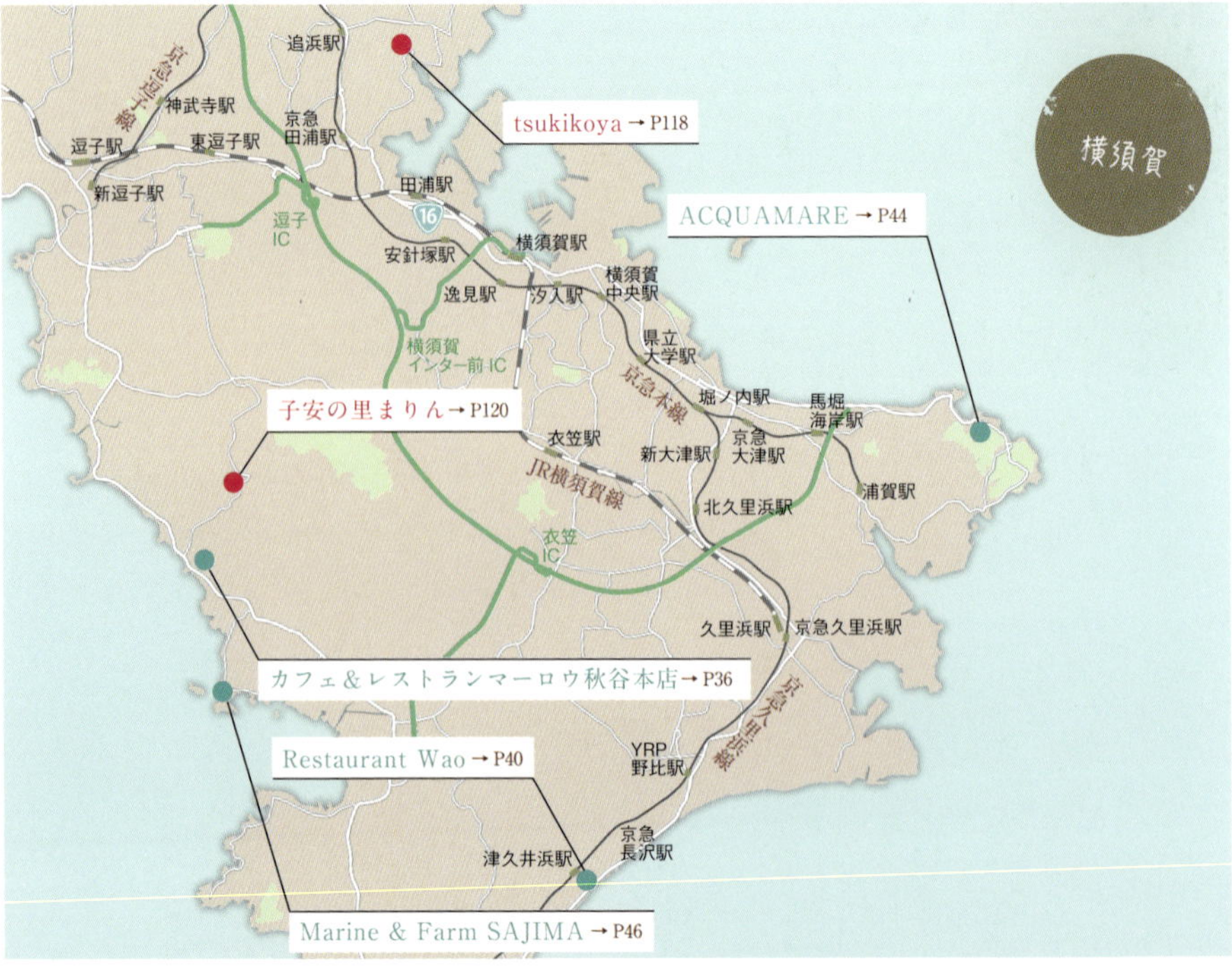
追浜駅
京急逗子線
神武寺駅
tsukikoya → P118
京急田浦駅
逗子駅
東逗子駅
横須賀
新逗子駅
田浦駅
16
逗子IC
ACQUAMARE → P44
安針塚駅
横須賀駅
横須賀中央駅
逸見駅
汐入駅
県立大学駅
横須賀インター前IC
京急本線
子安の里まりん → P120
堀ノ内駅
馬堀海岸駅
衣笠駅
京急大津駅
新大津駅
JR横須賀線
北久里浜駅
浦賀駅
衣笠IC
久里浜駅
京急久里浜駅
カフェ&レストランマーロウ秋谷本店 → P36
京急久里浜線
YRP野比駅
Restaurant Wao → P40
京急長沢駅
津久井浜駅
Marine & Farm SAJIMA → P46

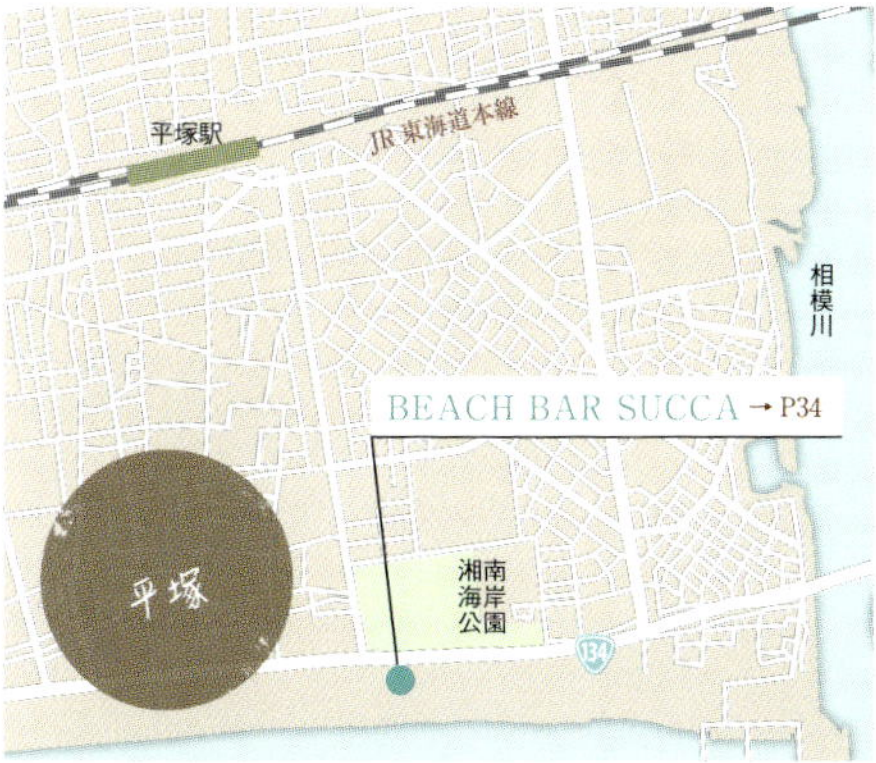
平塚駅
JR 東海道本線
相模川
BEACH BAR SUCCA → P34
湘南海岸公園
134
平塚

茅ヶ崎駅
JR 東海道本線
1
southern beach café → P32
茅ヶ崎市公園
134
茅ヶ崎

三ツ沢IC
神奈川駅
横浜駅西口IC
横浜ベイクォーター
横浜駅
そごう横浜店
Butter 横浜ベイクォーター → P60
新高島駅
平沼橋駅
みなとみらい駅
ヨコハマ グランド インターコンチネンタル ホテル
高島町駅
ANNIVERSAIRE CAFÉ みなとみらい横浜 → P58
クイーンズスクエア横浜
相鉄本線
1
戸部駅
京急本線
横浜ランドマークタワー
16
横浜市営地下鉄
&ima—写真を愉しむ家— → P62
西横浜駅
横浜赤レンガ倉庫
大さん橋
馬車道駅
みなとみらい線
桜木町駅
横浜野毛山公園
神奈川県庁
山下公園
日本大通り駅
日ノ出町駅
関内駅
横浜マリンタワー
山下町IC
横浜市役所
横浜スタジアム
元町・中華街駅
横浜中華街
伊勢佐木長者町駅
港の見える丘公園
黄金町駅
16
元町公園
石川町駅
阪東橋駅
横浜市営地下鉄
南太田駅
吉野町駅
しょうゆ・きゃふぇ → P122
蒔田駅
カフェラウンジ&レストラン ドルフィン → P56
山手駅
米軍根岸住宅
16
JR根岸線
根岸森林公園
横浜駅〜元町
根岸駅

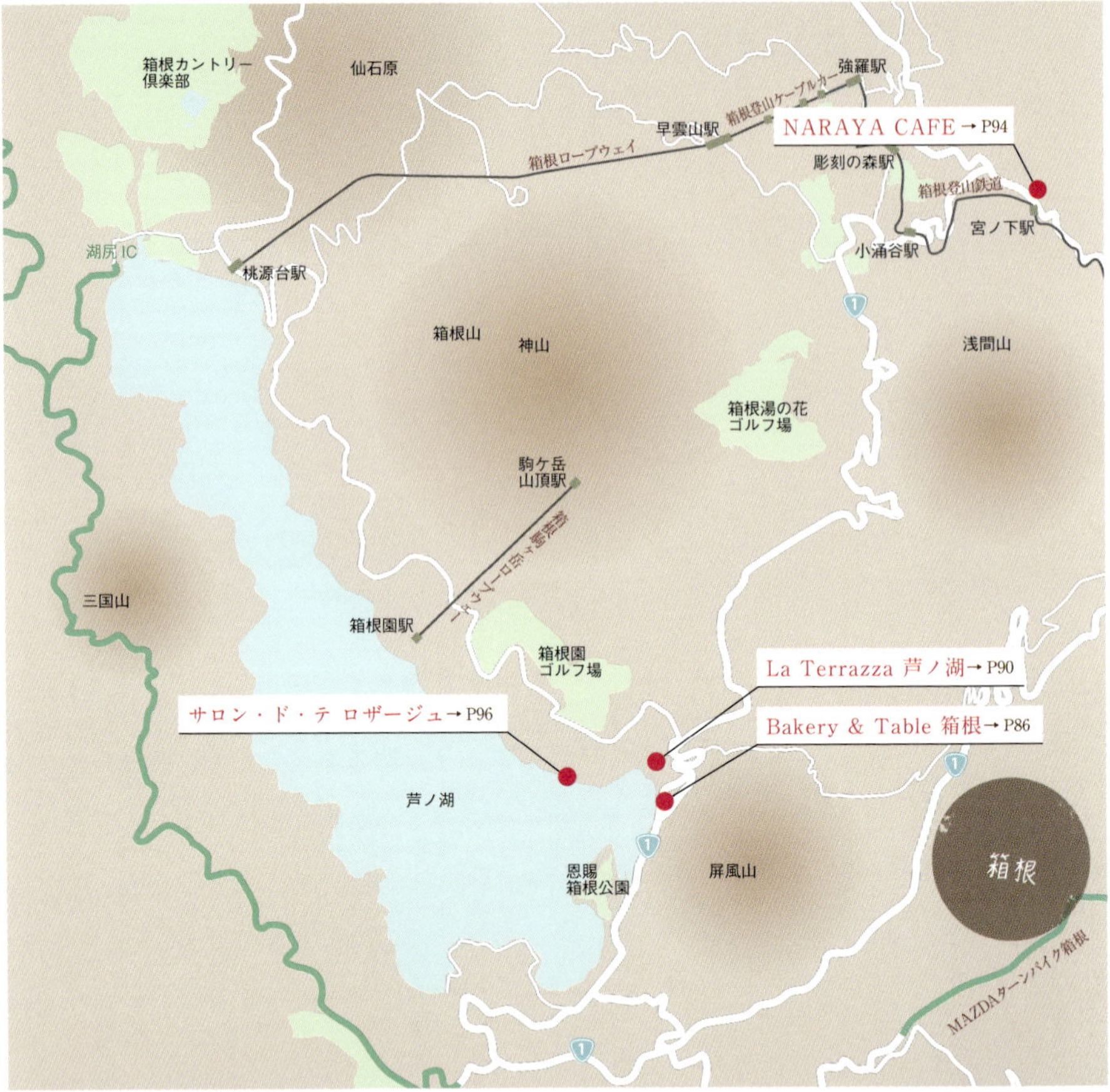

箱根カントリー
倶楽部
仙石原
強羅駅
箱根登山ケーブルカー
早雲山駅
NARAYA CAFE → P94
彫刻の森駅
箱根ロープウェイ
箱根登山鉄道
宮ノ下駅
小涌谷駅
湖尻 IC
桃源台駅
箱根山
神山
浅間山
箱根湯の花
ゴルフ場
駒ケ岳
山頂駅
箱根駒ヶ岳ロープウェー
三国山
箱根園駅
箱根園
ゴルフ場
La Terrazza 芦ノ湖 → P90
サロン・ド・テ ロザージュ → P96
Bakery & Table 箱根 → P86
芦ノ湖
恩賜
箱根公園
屏風山
箱根
MAZDAターンパイク箱根
1

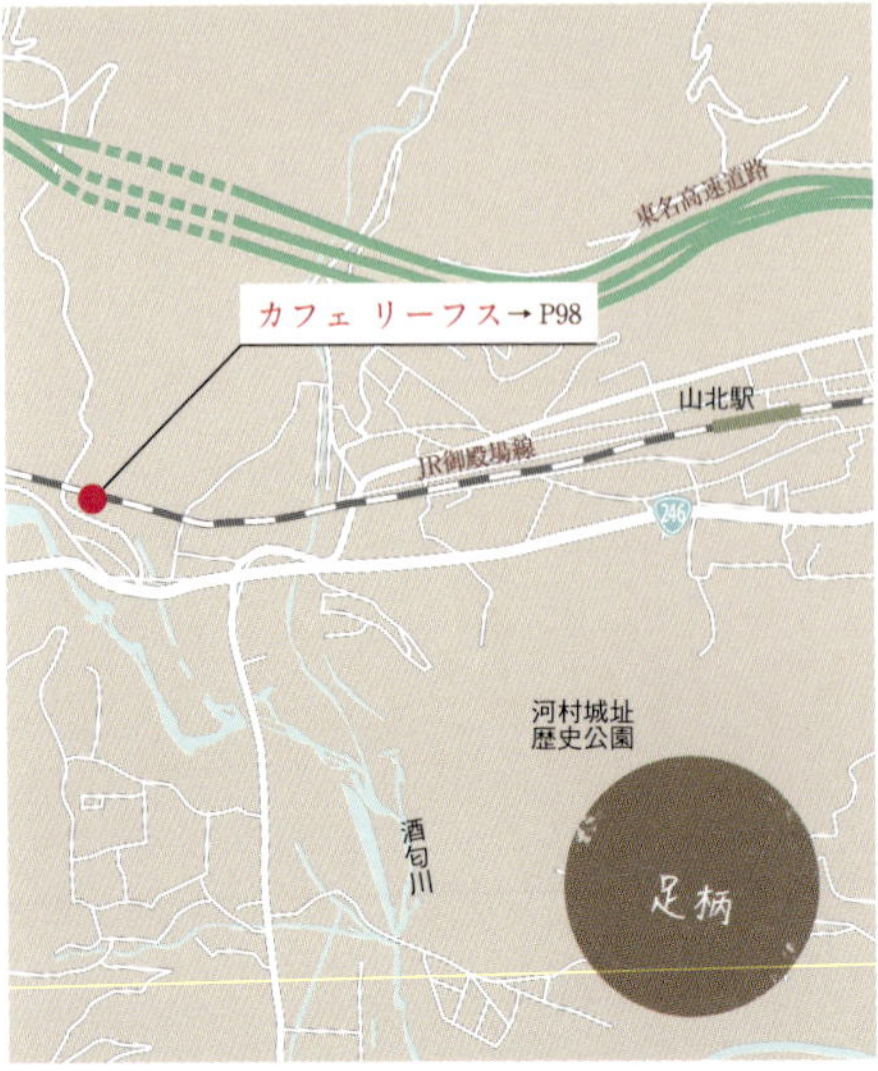

東名高速道路
カフェ リーフス → P98
山北駅
JR御殿場線
246
河村城址
歴史公園
酒匂川
足柄

真鶴
江の浦テラス → P54
Saddle Back cafe → P50
東海道新幹線
湯河原
カンツリー
倶楽部
135
真鶴駅
岩 IC
JR 東海道本線
真鶴道路

藤沢
境川
長後駅
café KO-BA→P108
小田急江ノ島線
ゆめが丘駅
467
下飯田駅
相鉄いずみ野線
横浜市営地下鉄
湘南台駅

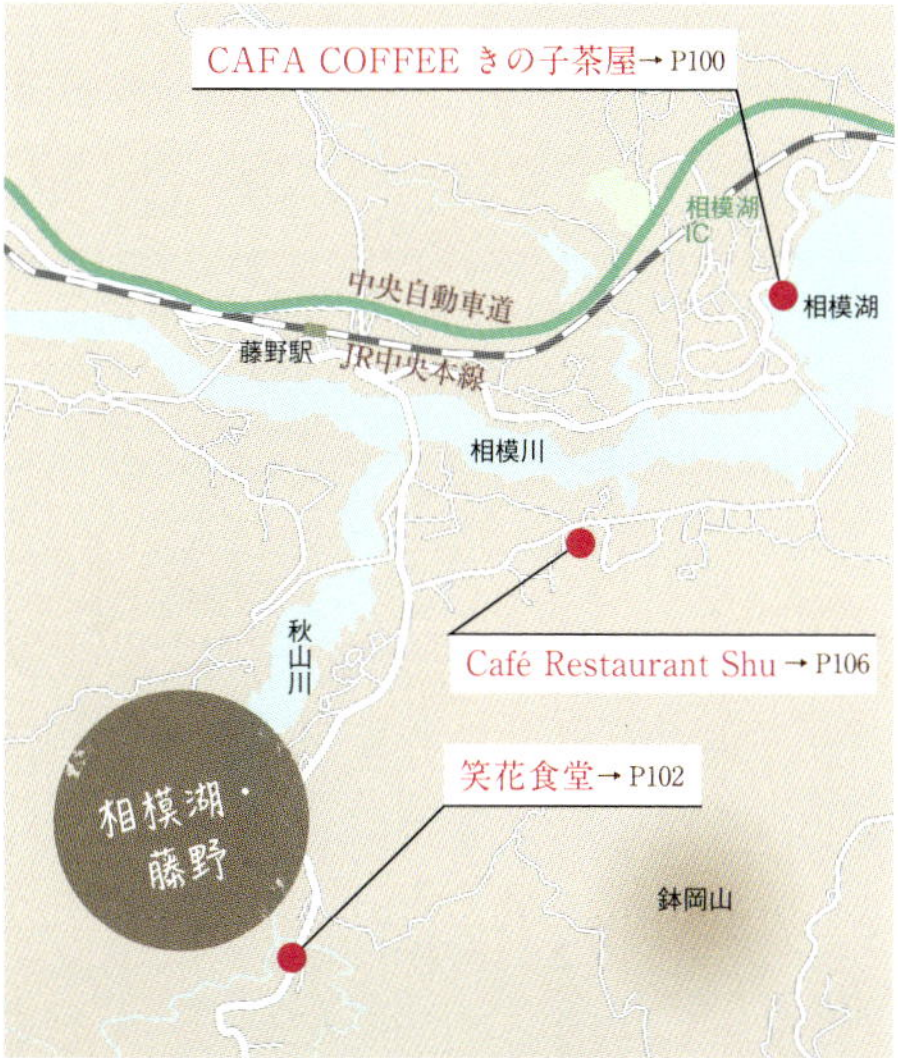
相模湖・藤野
CAFA COFFEE きの子茶屋→P100
相模湖IC
中央自動車道
相模湖
藤野駅
JR中央本線
相模川
Café Restaurant Shu→P106
秋山川
笑花食堂→P102
鉢岡山

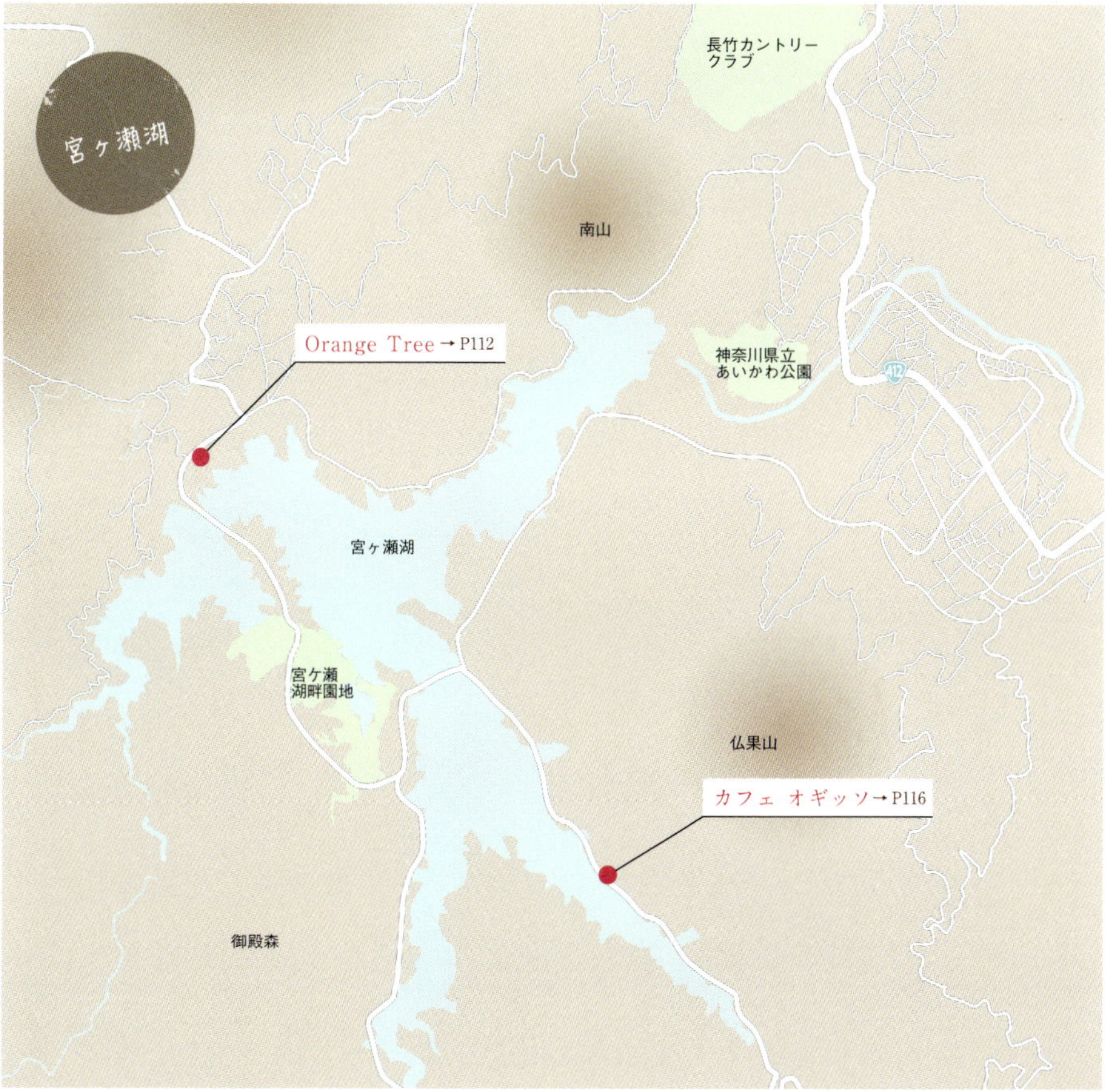
宮ヶ瀬湖
長竹カントリークラブ
南山
Orange Tree→P112
神奈川県立
あいかわ公園
412
宮ヶ瀬湖
宮ケ瀬
湖畔園地
仏果山
カフェ オギッソ→P116
御殿森

How to use

本書の見方

1 ジャンル
海カフェ・森カフェを表記

2 エリア
お店がある地域

3 おすすめポイント
お店のおすすめポイントやこだわりを紹介

4 メニュー紹介
おすすめのメニューを紹介

5 インフォメーション
住所・連絡先・営業時間・交通アクセスなど、お店の基本情報を紹介

※本書に掲載しているデータは、2018年3月のものです。営業時間や定休日などは変更される場合がありますので、お店にご確認ください。

※価格表示は、特に指定のない場合は、消費税別の価格です。

一枚の「絵画」の前に腰を下ろす。
どこからか小鳥のさえずりと木々のざわめきが聞こえてくる。
店主が淹れた、コーヒーをすする。この一杯に込められた
思いが伝わってくる。

都会の喧騒に疲れ、小旅行を思いたち、この場所へ。
ビルの一角のカフェとは違う、
全てを忘れ、自然と溶けこめる場所。
自分の悩みがちっぽけに感じてくる。

次の休日は、大海原が見渡せるカフェに行ってみよう。
まっさらな自分にまた、生まれ変われるだろう。

心地よい潮風を感じる
相模湾を見渡すテラス

Café Madu 江の島店／江の島

木々を揺らす潮風が癒やしのＢＧＭに

江の島を登りきり、来た方とは逆の階段を下っていくと相模湾や鵠沼海岸を見渡す食堂が並ぶエリアに。その一角にある「Café Madu」は、美しい風景を一望する広々としたテラスを擁する人気のカフェだ。

テラスに出ると頬を撫でる潮風が気持ち良く、木々をゆらす音に心がほどけていく。海を行く小船やヨットを目で追いながら、人気のスイーツやガレットをいただく。賑やかな江の島で、心落ち着く時間を過ごすことができるだろう。

ずっと眺めていたくなる
海と空の〝デッサン〟

〝額縁〟の中には季節を伝える風景

店内に足を踏み入れると、窓からは、刻々と色を変える、額縁に切り取られたような風景が迎えてくれる。コーヒーを片手に、窓辺に腰を下ろせば、時の流れを忘れてしまいそうな感覚に包まれる。人気の湘南鎌倉野菜のビーフシチューはパスタとのセットプレートで。テラス席で、冷えたビールとともに楽しみたい。

生活雑貨ブランド「Madu」と同経営のカフェということもあり、インテリアはナチュラルな雰囲気でありながら洗練されたデザインが光る。季節や時間によって移り変わる窓越しの風景。何度訪れても、飽きることのない、湘南の景色が待っている。

江の島名物の
しらすを使った
限定メニューも！
海を眺めながら
味わって

1. 片瀬漁港に入港する小船の姿を見ることができる **2.** テラス席で豪快に味わいたい「湘南鎌倉野菜のビーフシチューのパスタコンボ」（1,600円） **3.** ひんやりとふわふわな食感が散策で疲れた体にしみる「雪氷生いちごミルク」（850円） **4.** 窓越しの風景を楽しめる店内席

MENU ／かりかりじゃこと半熟タマゴのガレット
（サラダ・スープ付）…………… 1,380円
クレープ（ジャポネ）…………… 900円

Café Madu
江の島店
江の島
展望灯台
恋人の丘

Café Madu 江の島店

——カフェ マディ エノシマテン——

㊟ 藤沢市江の島 2-6-6
☎ 0466-41-9550
㊢ 11：00 ～ 18：00
〈冬季平日〉12：00 ～ 18：00
〈土・日・祝〉10：00 ～ 19：00

㊡ 不定休
㊋ 小田急線片瀬江ノ島駅より徒歩 25 分
㊇ 店内禁煙／テラス分煙
Ⓟ なし
http://www.hakka-group.co.jp

UMICAFE 海CAFE

江の島の絶景〝東洋のマイアミビーチ〟

LONCAFE 湘南江の島本店／江の島

江の島を代表する絶景スポット

東京近郊で、春から夏にかけて最も賑わいを見せる観光スポットの一つが江の島だろう。片瀬海岸から伸びる江の島弁天橋を渡り江の島へ。江島神社や土産物店が並ぶ参道など、多くの人が散策を楽しんでいる。

頂上には、四季折々の花が咲き誇る江の島サムエル・コッキング苑がある。江の島展望灯台もそびえるこの場所は、江の島を代表する絶景スポットだ。眼下にはキラキラと輝く相模湾が広がっている。美しい海岸線を眺めれば、時が経つのを忘れてしまう。

片瀬海岸を見渡す「湘南時間」を過ごす

絶景とともに味わうフレンチトースト

〝東洋のマイアミビーチ〟と呼ばれる片瀬海岸とヨットハーバーを見下ろすこの広場は、マイアミビーチ広場と呼ばれている。そこに２００３年にオープンしたのがフレンチトーストが有名な「ロンカフェ」だ。

　江の島の頂上から見渡す風景と、外はカリカリ、中はトロトロのフレンチトーストの組み合わせは至福の時間。のんびりとした「湘南時間」にぴったりのハーブティーもおすすめだ。テラス席はもちろん、天気の良い日には窓が開け放たれ、風を感じることができる店内のソファ席も気持ち良いだろう。ゆったりと散策の疲れを癒したい。

1

2

3

4

天気が
良い日は大きく
開け放たれた窓から、
心地よい海風が入り、
テラスと店内が
一体になったよう

1. 一番人気の「濃厚クレームブリュレのフレンチトースト」（ドリンクセット 1,380 円）　**2.** 日差しを浴びた体に心地よいストロベリーティー（540 円）　**3.** 店内にはゆったりとくつろげるアンティーク調のソファ席も　**4.** 店内の装飾も湘南を感じさせる

MENU ／チョコレートシナモンのフレンチトースト
（ドリンク付き）……………… 1,000 円
ブレンドコーヒー ……………… 540 円

LONCAFE 湘南江の島本店
江の島
展望灯台
恋人の丘

LONCAFE 湘南江の島本店

──ロンカフェ ショウナンエノシマホンテン──

(住) 藤沢市江の島 2-3-38
江の島サムエルコッキング苑内
☎ 0466-28-3636
(営) 〈平日〉11：00 〜 20：00
〈休日〉10：00〜 20：00（LO19：30）
(休) 年中無休
(交) 小田急線片瀬江ノ島駅より徒歩 20 分
(煙) 全席禁煙　(P) 江の島内駐車場利用
※サムエル・コッキング苑入園料（大人 200 円）
http://loncafe.jp

UMICAFE
海
CAFE

日常をも忘れさせる波打際を眺める時

OpenBiC CAFE Hemingway／片瀬江ノ島

一番人気のスープカレー（ランチセット 1,000 円）。チキン、ビーフ、唐揚げ、豚しゃぶからメインのお肉を選ぶことができる。スープカレーヌードルもあり、つるっとしたのどごしが人気

穴場のカフェで のんびりブランチを

片瀬江ノ島駅に降り立つと、潮の香りを感じる。国道134号線を七里ヶ浜の方向に歩いて3分。店内に足を踏み入れると、窓の外には片瀬海岸が広がり、ヨットが帆をなびかせている。

この最高のロケーションだが、江の島とは駅から反対方向のため、海水浴シーズン以外は実は穴場。バリのカフェを思わせる店内でゆったりとした時間を過ごすことができる。おすすめの時間帯は、朝からお昼にかけて。太陽が水面を輝かせる風景を眺め、ゆっくりとブランチを楽しみたい。

1. 夕方の景色もおすすめ。夜はピザ窯で焼いたピザも登場。アルコールとともに味わいたい **2.** テーブルや椅子はバリから輸入 **3.** 人気のデザートはベーグルフレンチトースト **4.** 店長の信國慶彦さん

観光客で賑わう江の島で、ちょっと落ち着いた時間を過ごすことができます！

MENU ／ ランチセット（メイン・サラダ ドリンク）……………………………… 850円～
アサイージュース………………… 350円～
ベーグルフレンチトースト……… 750円

OpenBiC CAFE Hemingway

──オープンビックカフェ ヘミングウェイ──

㊟ 藤沢市片瀬海岸 1-12-4
☎ 0120-997-659
㊫ 11：00 ～ 15：30（LO15：00）、17：30 ～ 22：00
〈土日祝〉11：00 ～ 22：00
（LO フード 21：00／ドリンク 21：30）
㊡ 無休
㋐ 小田急線片瀬江ノ島駅より徒歩 3 分
㊝ 外に喫煙所あり
Ⓟ 片瀬東浜駐車場利用（お食事で半額券を 2 時間分まで）
http://www.hemingway.cafe/

UMICAFE
海CAFE

夕陽に包まれる二つのシルエット

Pacific DRIVE-IN／鎌倉

雄大な風景に
エネルギーをもらう

喧噪から離れた湘南での一日。その一日の終わりが近づく頃、国道134号線を走らせると、夕陽の中に浮かび上がる江の島と富士山、そして「Pacific DRIVE-IN」の看板。ついついハンドルを切り、七里ヶ浜海岸駐車場へ。「ここはハワイ？でも、ハワイよりも何か落ち着く……」。それは、江の島のせいか、それとも雄大な富士山のせいか――。二つのシルエットが夜のとばりの中に消えていく。「また明日から頑張ろう」。自然とそう思え、また都会に向け車を走らせた。

ハワイのローカルフードでショートトリップ

ドライブインで気軽にハワイを体感

日常に疲れると、ふとハワイに行きたくなる……。そんな時に気軽に足を運べる場所が湘南にある。サーフスポットの七里ガ浜の海を望むこの場所は、日本にいながら、まるでハワイのノースショアを訪れたかのよう。

メニューにはハワイの人々が愛してやまない、ハワイのローカルフードがいっぱい。ロコモコにガーリックシュリンプやポキ丼。天気の良い日はテイクアウトして海を眺めながら食べるのもおすすめ。現地のローカルフードを食べ歩いて試行錯誤を重ねた、本場に負けないプレートランチを味わえば、たった一日のショートトリップを楽しむことができるだろう。

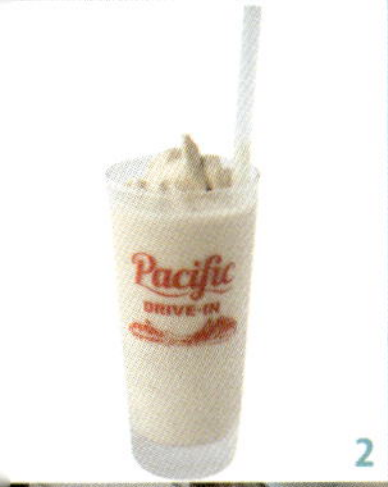

1.「季節のパンケーキ」1,200円 **2.**「オノオノシェイク」750円
3. 2種類のアヒ（まぐろ）を使用した「アヒポキボウル」1,350円
4. 店内には鎌倉・湘南・逗子を拠点に活動するアーティストの作品が並ぶ

MENU ／コーヒー ………………………… 400円
アサイーボウル ……………… 1,200円
ガーリックシュリンププレート … 1,250円

Pacific DRIVE-IN

——パシフィック ドライブイン——

㊟ 鎌倉市七里ガ浜東 2-1-12
☎ 0467-32-9777
㊔ 8：00～20：00（LO 19：30）
（11～2月の平日は10：00～）
㊡ 不定休
㊋ 江ノ島電鉄線七里ヶ浜駅より徒歩3分
㊝ 禁煙
Ⓟ 車370台
http://pacificdrivein.com

UMICAFE 海

鎌倉の海を一望するロケーション

CAFE MERCI CAMP！／鎌倉

鎌倉材木座海岸に面する材木座テラス。デートや記念日、個室でのプライベートパーティーで特別な時間を

解放感溢れる 全席オーシャンビュー

材木座テラス1Fにあるこちらは、海辺のグランピングカフェをイメージし2016年7月にオープン。ランチやディナー、カフェはもちろん、アイランドキッチン付きの個室もあるので、別荘感覚でのパーティー利用も可能だ。新鮮な地魚や鎌倉野菜に舌鼓。夏にはバーベキューでサマーキャンプ気分を味わうのも楽しい。また空気が澄み渡る冬の間は、正面に沈む夕日とマジックアワーが、ディナータイムを盛り上げてくれる。季節を問わずに訪れたい一軒だ。

冬季16時から18時頃のマジックアワーは必見

1. アルコール類も含め豊富なドリンクメニュー **2.** 看板メニューの「材木座ジャークチキン」は、自家製ペーストに一日漬け込んでじっくりロースト **3.** 特製のたれが自慢の「スペアリブ」 **4.** 気軽に栄養が摂取できるスムージーは、マリンスポーツ後にもおすすめ

MENU ／材木座ジャークチキン（ランチ）… 1,400円
スペアリブ …………………… 1,400円
たくさんのフルーツと野菜から作るスムージー … 800円

CAFE MERCI CAMP!

──カフェ メルシー キャンプ──

㊟ 横鎌倉市材木座 5-8-25
ZAIMOKU the TERRACE 1F
☎ 0467-84-8368
㊕ 11：30 ～ 22：00
㊡ 火曜日
㊫ 鎌倉駅より徒歩 15 分
（煙）店内禁煙／テラス喫煙可
Ⓟ なし
https://r.gnavi.co.jp/hgnanpet0000/

UMICAFE
海
CAFE

のどかな海に 癒やされる時間

南町テラス／逗子

オーナーは空き家（古家）を再利用して地域活性化を図るプロジェクトに携わっている。地域の人々の交流の場となるカフェを経営しようと、この店をオープンした

古民家の建具のおしゃれなカフェ

小坪漁港を見渡す小高い山の中腹にある「南町テラス」。テラスに出ると、海からの風が頬をなでた。船がポンポンと音を立て、港に入って来る。海は夕日に輝き、はるか向こうに富士山のシルエットも見える。

店内は古民家の建具を再利用し、和のテイストが活かされた設え。魚は小坪漁港から、野菜や果物は地元の農家から仕入れ、自家製の酵母パンやコンフィチュールを作る。いつまでも眺めていたい景色を前に、時が経つのを忘れてしまう空間だ。

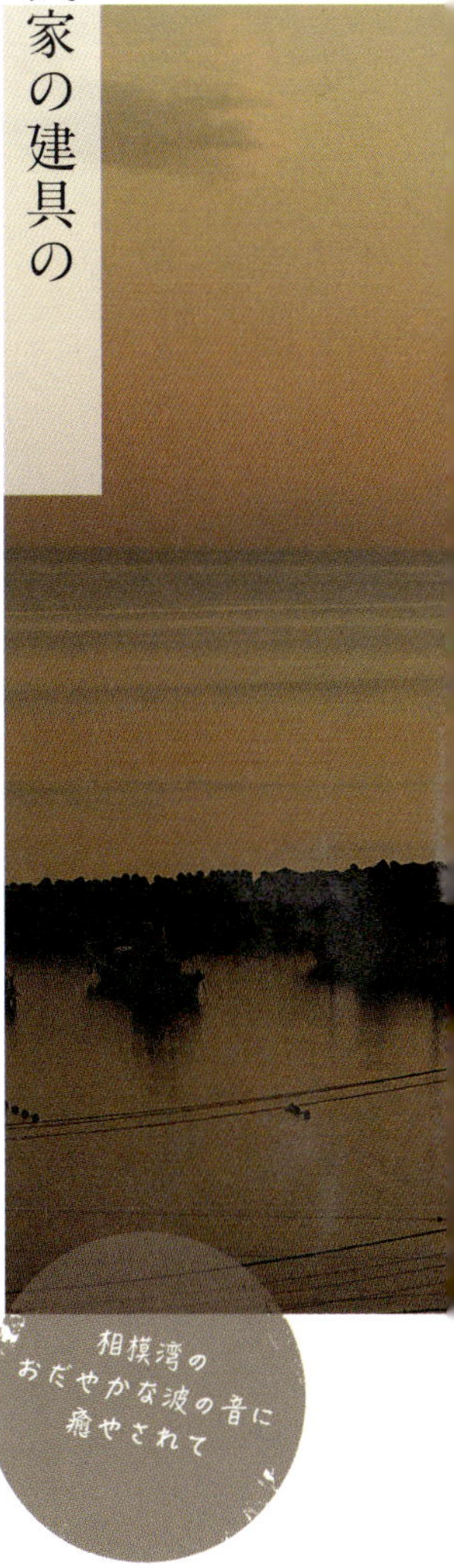

1. 自家製マーマレードは、本場イギリスで毎年開催される世界大会「マーマレードアワード」にて２年連続高い評価を得た　**2.** 自家製の酵母パンと、季節のフルーツを使ったコンフィチュールがおすすめ　**3.** コーヒーはこだわりの自家焙煎

相模湾の
おだやかな波の音に
癒やされて

MENU／有機コーヒーとチョコレートのベーグル ……………………… 378円
有機オリーブとローズマリーのフォカッチャ ……………………… 378円
自家焙煎スペシャリティコーヒー ……………………………… 432円

南町テラス

――ミナミチョウテラス――

㊟ 逗子市小坪 4-12-15
☎ 0467-84-7162
㊖ 12：00～17：00
㊡ 月～金および悪天候時
㊯ 小坪バス停より徒歩約７分
煙 禁煙
Ⓟ 車１台
http://www.minamicho-terrace.com

UMICAFE 海 CAFE

ヨットハーバーで非日常的な時間を

ロンハーマン カフェ／逗子

60席ほどある店内は、三方がガラス張りで開放感あふれる。食事はこちらを利用して

江の島から遠くは富士山を望むロケーション

ヨットハーバーが隣接する「リビエラ逗子マリーナ」は、別荘として利用する人も多い。都心から1時間程で南国ムード漂う街へ来られるのも人気の理由だ。そのリビエラ逗子マリーナにあるのがカリフォルニア発のスペシャリティストア「ロンハーマン」のカフェだ。ヨットハーバーが前面に広がる開放的なデッキは、非日常的な空間を演出。地元の食材を使ったヘルシーでボリュームのある料理が用意され、しっかりと食事もできる。贅沢なロケーションと共にくつろぎの時間を。

1. テイクアウトしたドリンクやケーキはデッキで食べることもできる　**2.** リピーターも多い人気のレモンケーキは甘すぎずさっぱり　**3.** 大きめのソファーでゆっくりくつろいで

夕方のサンセットタイムは格別。晴れの日には富士山が望めます

MENU／（税込）

カリフォルニアサンドウィッチ	1,500円
レモンケーキ	400円
トロピカルバナナスムージー	1,000円

ロンハーマン カフェ

――ロンハーマン カフェ――

住 逗子市小坪 5-23-10
リビエラ逗子マリーナ本館 1F
☎ 0467-61-2280
営 11：00～20：00
休 不定休
交 JR 鎌倉駅・逗子駅、京急新逗子駅より車約 10 分
煙 禁煙
P 近隣駐車場を利用
http://www.ronherman.jp

スクリーンと見紛う 窓辺の景色

RESTAURANT LA MARÉE／葉山

フランス風創作海辺料理、メキシカン、東南アジア料理など、ジャンルにとらわれない豊富なメニューが並ぶ

暮れなずむ相模湾の景色を見つめながら

海に浮かぶように建てられた白亜の洋館「レストラン ラ・マーレ」。相模湾を一望するロケーションにあり、江の島や富士山を見ることができる。特に夕暮れ時は息を呑む美しさで、映画のワンシーンを見ているかのよう。

1階のカフェ&ブラッセリーでは、アラカルトを中心にお酒と一緒に楽しめる料理を提供。鎌倉野菜や三浦半島の魚介類など、地元の旬の食材をふんだんに使う。2階のレストランでは、フランス風創作海辺料理をテーマにしたコースやアラカルトが楽しめる。

海にせり出したテラスで、夕焼けを眺めながら至福の時間を

1

2

3

1. シックな内装のブラッセリー　**2.** あたたかなライティングが足元を照らすアプローチ　**3.** テラス席では青空と海がすぐそばに

MENU／名物！ お刺身サラダ　本日のお魚２種 ………………………… 1,300円
ラ・マーレ特製ハヤシライス ……………………………………… 1,500円
トロピカルマンゴーアイスティー ………………………………… 800円

RESTAURANT LA MARÉE

——レストラン ラ・マーレ——

㊟ 三浦郡葉山町堀内 24-2
☎ 046-875-6683
㊔ 11：30 ～ 22：30
（LOフード 21：00／ドリンク 21：30）
㊡ 月曜日（祝日の場合は翌火曜日）
㊇ 逗子ICより車約10分
㊕ 一部喫煙可（玄関横のテラス席）
Ⓟ 車15台
http://www.chaya.co.jp

UMICAFE 海 CAFE

散歩の途中に海を眺めちょっと一息

southern beach café／茅ヶ崎

「ランニング途中に休んでもらえたら」とドリンクバーはデトックスウォーターもそろえる

地元の人々に愛される絶景カフェ

茅ヶ崎駅からサザンストリートを海の方へ向かって歩く。国道１３４号線にぶつかり、海岸へ降りていくと、夏には多くの海水浴客で賑わうサザンビーチに出る。そのサザンビーチの目の前にあるのが、「サザンビーチカフェ」だ。海岸線にはランニングやサイクリング、犬の散歩をしている人も。「散歩がてら気軽に立ち寄ってほしい」と店長の河原さん。ランニング途中に立ち寄れるようにと、メニューは手頃な値段に。観光客はもちろん、地元の人々にも愛されるカフェだ。

3. 湘南名物のしらすを使った「釜揚げしらすと青さのりのペペロンチーノ」（1,200円） 2. ブランチにもおすすめの「ブリオッシュフレンチトースト（シトラスココナッツ）」（630円） 3. ランチはサラダプレートとドリンクバー付き 4. スタイリッシュな店内

MENU／チェダーチーズフライドチキンバーガー……………………………… 1,400円
とろける牛タンデミグラスカレー… 1,350円

8～11時はモーニング。L.A発祥の朝食メニュー「エッグスラットプレート」はドリンクバーもついて630円！

southern beach café

——サザンビーチカフェ——

住 茅ヶ崎市中海岸 4-12986
☎ 0467-82-4445
営 8：00～22：00
休 年中無休
交 JR茅ヶ崎駅より徒歩13分
煙 店内禁煙／テラス喫煙可
P 車10台
http://www.tpd-jo.co.jp/?page_id=335

平塚の海とビーチスポーツを満喫

BEACH BAR SUCCA／平塚

目の前はビーチバレーやビーチサッカーのコート。プロ選手たちの練習風景や試合を間近に楽しめる

ダイヤモンド富士や輝く海を眺めて

ビーチスポーツが盛んな平塚。カフェダイナー「SUCCA」の前には、平塚の海が広がる。未来型のビーチとして1990年に誕生した「湘南ビーチパーク」内にあり、「海辺が客席のレストラン」をコンセプトに、平塚のビーチサイドをより楽しく過ごすスポットを目指している。好天時には東に三浦半島、西に伊豆半島が一望でき、富士山も見ることができる。「SUCCA」という名前は、平塚の漁港エリア「須《す》賀《か》」という地名から。地魚のメニューが平塚の海の魅力を伝えている。

1. 海の売店のイメージを払拭する、大人っぽいお洒落な雰囲気 2. オーダーを受けてから焼き上げるビーフ 100%のパティとオリジナルのバンズを使った「プレミアムバーガー」（880円・税込） 3.「地魚フィッシュ＆チップス」（800円～・税込） 4. 海を眺めながらオリジナルドリンク

MENU／（税込）

鯖竜田バーガー	650円
ピリ辛タコライス	800円
生ビール	500円

ダイヤモンド富士を撮影に訪れる姿も。年に数回、エメラルドグリーンに輝く海に出合うこともできる

BEACH BAR SUCCA

――ビーチバル スッカ――

住 平塚市高浜台 33-1
ひらつかビーチパーク内
☎ 0463-72-7365
営〈4～9月〉10：00～17：30
〈3・10月〉～17：00〈11～2月〉～16：30
休〈4～7月11日〉水曜日、第1・3・5火曜日
〈10～3月〉月曜日、第1・3・5火曜日
※海開き期間中は無休
交 JR平塚駅より徒歩25分
煙 全席禁煙 P 近隣駐車場を利用
http://succa.locologi.jp/

UMICAFE 海 CAFE

夕映えの海に富士山のシルエット

カフェ&レストランマーロウ秋谷本店／横須賀

「また来ようね」と見つめ合う時間

グラデーションのかかった空を海風がやさしく抜け、二人の時間が流れてゆく。

「あ、富士山」。その声に振り返ると、シルエットが海の向こうに。やがて頭上には、一つ二つと星が輝き始めた。ここからは波の音をＢＧＭに、ディナータイム。相模湾の海の幸を使った料理がテーブルを彩る。

食後にはこだわりのコーヒーと、フルーツが盛り沢山のプリン・ア・ラ・モード。二人の小さな旅は、甘い思い出とともに。

吸い込まれるような青い空と海を見ながら

お土産にも喜ばれる名物のプリン

国道１３４号線を海沿いに走らせると、立石公園の向かいに「マーロウ」はある。ハードボイルド小説の探偵・フィリップ・マーロウからその名をとり、建物はアメリカの南海岸をイメージした。店内やテラスからは海を一望でき、富士山を望むことができる。

地元の海の幸を使ったサラダ、リゾット、スパゲティなどボリュームたっぷりのメニューの他に、こちらを訪れたらぜひ味わってほしいのが名物のプリンだ。カスタード、黒みつ、かぼちゃ、クリームチーズ等々、十種類以上の味から選べる。探偵マーロウのイラストが描かれたビーカー入りで、お土産にも喜ばれるだろう。

1. 定番の「カスタードプリン」（600円・税込）の他、期間限定の味も **2.**「わたりガニのトマトクリームスパゲティ」は1984年創業当時からの人気メニュー **3.** 店内はクラシカルな雰囲気 **4.** マーロウの顔が描かれた大きな看板が目印

MENU（税込）／
わたりガニのトマトクリームスパゲティ … 1,800円
お刺身風盛り合わせサラダ（B）… 2,000円
プリン・ア・ラ・モード …… 1,500円

カフェ＆レストランマーロウ秋谷本店

——カフェ＆レストランマーロウアキヤホンテン——

㊟ 横須賀市秋谷 3-6-27
☎ 046-884-4383
㊡ ランチ 11：00 ～ 14：00（LO）
ディナー 17：15 ～ 19：30（LO）
喫茶 11：00 ～ 20：00（LO）

㊡ 金曜日
㊋ 立石バス停より徒歩 2 分
㊝ 分煙
Ⓟ 車 21 台
http://www.marlowe.co.jp/

UMICAFE 海 CAFE

水平線の彼方から風が吹き抜けてゆく

Restaurant Wao／横須賀

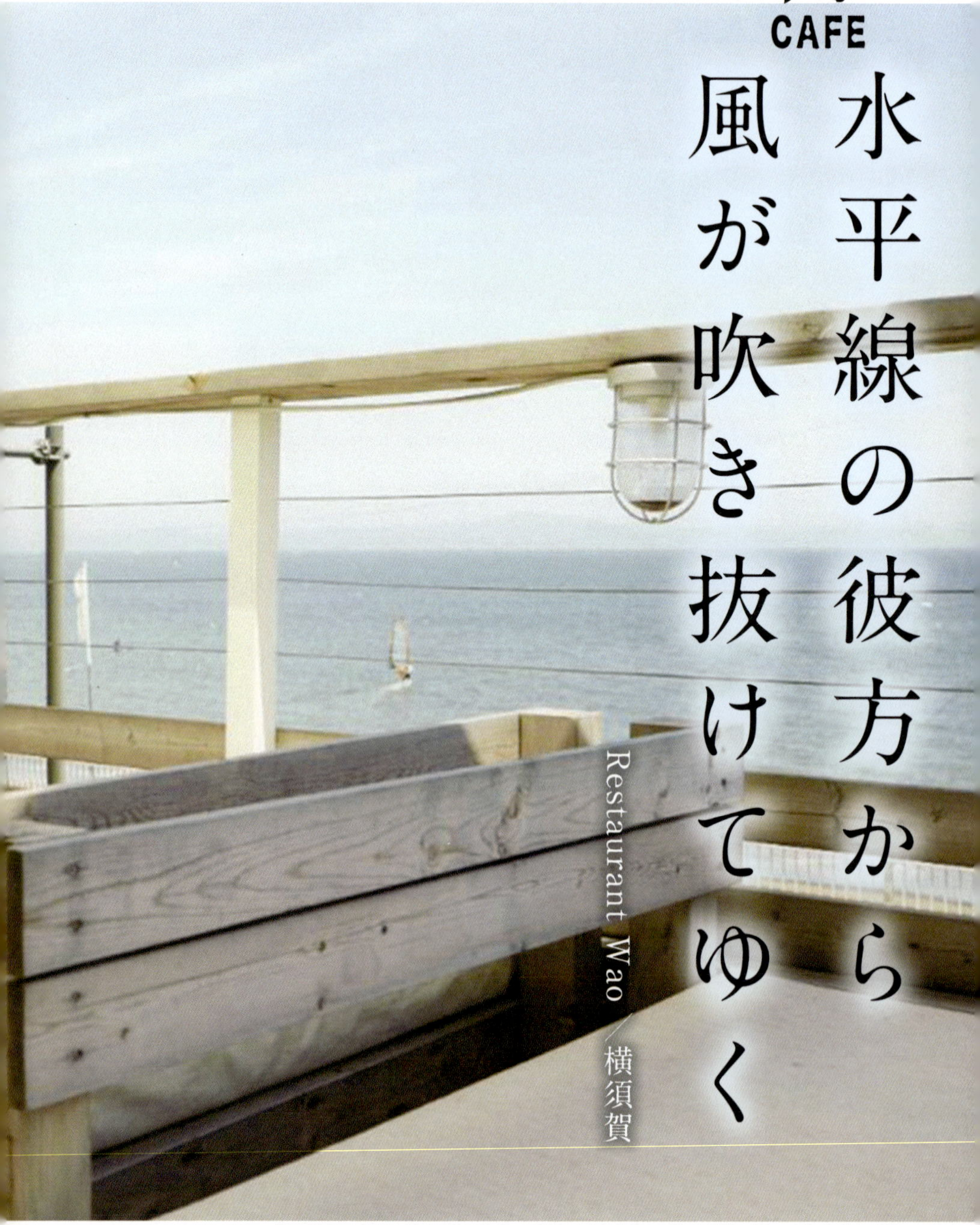

何もしない贅沢を味わえる場所

三浦半島・津久井浜の海岸沿いに建つ白い洋館、「Restaurant Wao」。2階のテラスに出て、眼下に広がる海を見ていると、バカンスに来てクルーザーに乗っているような気分になる。パラソルの下で、アイスコーヒーの氷がカランと音を立てた。水平線の彼方から海風が心地よく吹き抜け、波の音がおだやかに響いている。

何もしない休日が一番の贅沢だと思える今日この頃——。ここは、そんな思いを叶えてくれる場所だ。

窓やテラスから輝く海を一望する

子どもから大人までみんなが笑顔に

ここは、イタリアンをカジュアルにしたレストラン。料理は三浦野菜や佐島漁港で水揚げした魚など地元の新鮮な食材をふんだんに取り入れ、シェフが腕によりをかけたものばかり。ランチにはパンの盛り合わせをセットにしたメニューも好評で、フランスの高級バターを使用したクロワッサンは一番人気。お土産にも買って帰りたい。

店内には靴を脱いでくつろげるキッズスペースがあり、小さい子どもを連れた家族やママ友同士で訪れる人も多いという。海が見渡せるので、デートコースにもぴったりだ。

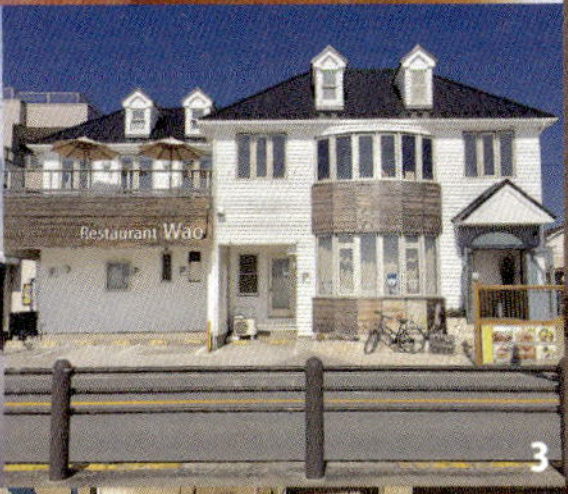

1.「鮮魚のムニエル」（1,700円・税込） **2.**「横須賀ウインドブルー」 **3.** 建物は歴史のある洋館で、店内は木を基調としたぬくもりのある空間 **4.** 靴を脱げる小上がりがあるので、小さい子ども連れでも安心。誕生日会などの記念日にも利用される

MENU（税込）／
三浦魚介のトマトクリームパスタ … 1,780円
生ハムとチーズのサンドウィッチ … 770円
横須賀ウインドブルー ………… 700円

Restaurant Wao

――レストラン ワオ――

住 横須賀市津久井 1-3-6
☎ 046-874-8237
営〈月～木〉11：00～18：00（LO 17：00）
〈金～日・祝〉
11：00～21：00（LO 20：30）
※シーズンによって営業時間変更あり

休 不定休
交 京急久里浜線津久井浜駅より徒歩 7 分
煙 分煙
P 車 10 台
http://www.wao-bakery.com

UMICAFE
海
CAFE

陽光降りそそぐ窓辺がキャンバス

ACQUAMARE／横須賀

美術館を訪れる人はもちろん、地元の人が気軽にランチを食べに来たり、ドライブの途中で立ち寄る人も

名画にもまさる絶好のロケーション

目の前に青い海が広がる横須賀美術館。その敷地内に、イタリアンレストラン「アクアマーレ」は併設されている。ガラス張りの店内から望む景色はまるで美術館。テラス席では潮風に優しく包まれて、暮れなずむ海を眺めることもできる。

食材は地元の農家や釣り船から直接仕入れた新鮮な野菜や魚介類が中心。芸術鑑賞の余韻に浸りながらカフェやランチを楽しんだり、ディナータイムにはキャンドルの明かりと共にワインで乾杯を。

なだらかな起伏のある芝生の緑と、その先に広がる海の青さのシンフォニー

1

2

3

1. イタリアンワインを中心に、アルコールも各種 **2.** ランチタイムのパスタセット。（1,300円・税込） **3.** 横須賀美術館は自然と一体となった「環境全体が美術館」をコンセプトとしている

MENU／ピッツァセット ……………… 1,400円
（税込） お魚のアクアパッツァ仕立て ……………… 2,380円
グラスワイン ……………… 500円〜

ACQUAMARE

——アクアマーレ——

住 横須賀市鴨居4-1 横須賀美術館内
☎ 046-845-1260
営 ランチ 11：00〜15：00（LO）
ディナー 17：00〜21：30（LO 20：00）
カフェ 10：00〜20：00
休 毎月第一月曜日（祝日の場合は営業）
交 馬堀海岸ICより車約5分
煙 完全禁煙
P 美術館の有料駐車場120台
http://www.acquamare.jp/

UMICAFE
海
CAFE

ドライブの途中
潮風感じるテラスで

Marine & Farm SAJIMA／横須賀

特別なひと時を あの人と

神奈川県南東部に位置し、周りを海に囲まれた三浦半島は、新鮮な海の恵みはもちろんのこと、三浦大根をはじめとする野菜の栽培でも知られる地域。自然豊かで観光スポットとしても人気のエリアだ。家族連れやデートで訪れる人々も。

相模湾に面し三浦半島の真ん中に位置する「Marine&Farm SAJIMA」は、海に佇むレストラン。春夏秋冬、時間帯によって様々な表情を見せる空と海は見ていて飽きることがない。大切なあの人と特別の時間を。

絶好のロケーションと
美味しいイタリアン

潮風を感じながら
地産地消を楽しもう

地産地消をコンセプトに２０１５年7月にオープンしたこちらは、三浦産の獲れたて野菜や漁港直送の鮮魚などを使ったイタリアンレストラン。旬の野菜をふんだんに使用したピッツァ（１、９５０円〜）やセットに付く約12種類の野菜サラダが大人気だという。

海に浮かんでいるかのようなテラスには約70席が用意され、天気が良い日は富士山を望める。過ごしやすいシーズンにテラス席でのんびりくつろぐのもいいが、空気が澄んだ冬場に富士山を眺めるのもおすすめ。絶好のロケーションとともにここでしか味わえない料理を楽しんで。

壁紙や椅子に
こだわった店内は
インスタ映えする

1. 開放的なテラスは、時間帯によってまるで違う表情を見せてくれる 2. ノンアルコールのモヒートをイメージしたミントとレモンのソーダは、どんな料理とも相性抜群 3. 地元食材を使った料理の数々 4. ドライブの途中で訪れたい

MENU／漁港直送鮮魚と三崎マグロのソテー二種盛り合わせ…………………… 2,400円
ミントとレモンのソーダ ……… 850円

Marine&Farm SAJIMA
笠島
佐島マリーナ

Marine & Farm SAJIMA

──マリン＆ファーム サジマ──

㊟ 横須賀市佐島 3-8-35
☎ 046-854-9820
㊢ 11：00～21：00
〈土・日・祝〉9：00～21：00
(CLOSE16：00～17：00)
㊡ 木曜日（11月～2月末）
㊜ 横須賀 IC より車約 12 分
㊝ 全席禁煙 喫煙スペースあり
Ⓟ 車 70 台
www.marine-and-farm.com

UMICAFE 海 CAFE

吸い込まれるような空と海をつなぐ水平線

Saddle Back cafe／小田原

フランス・エズ村に魅せられて

モナコとニースの中間にあるフランス・エズ村。地中海を見下ろす岩山にあるその村が、ここ小田原市江の浦と重なるという。モナコが熱海ならニースは小田原、そしてエズ村が江の浦だ。自然豊かで美しいエズ村では、傾斜を活かし農地を有効に利用して牧場を営むという。その町に深く感銘を受けた「サドルバックカフェ」のオーナーの高橋さんは、カフェに牧場を併設。海を見下ろしながら乗馬体験ができる贅沢な時を過ごせる貴重な場所だ。

絶景を望むテラス席で至福の時間を

海を見下ろしながらの乗馬体験

山道が続く旧小田原街道を西へ進んで行くと、緑の中に鮮やかなピンクの建物が目に入る。そこが33年前にオープンした「サドルバックカフェ」だ。店内に入れば、誰もが息を飲むだろう雄大な相模湾が目に飛び込んでくる。お店を一周するように設えたテラス席は開放感いっぱいで、天候が良ければそこで過ごしたい。海の反対側には緑が茂り、海と緑、両方を存分に体感できるのだ。また、眼下には牧場が広がり、馬たちがのんびりくつろいでいる。初心者を対象とした乗馬体験ややぶさめ等の各種スクールを開催し、自然と動物たちに心洗われるような時間が流れる。

1. 絶景を目の前に至福の一杯を楽しめる **2.** おすすめのランチ、パングラタンはコーヒーデザートがついて 1,400 円（税込） **3.** 店内の奥へ進むと木漏れ日が清々しい **4.** テラスから牧場を見下ろして

MENU（税込）／
- 渡り蟹風味のシーフードカレー … 1,300 円
- アジ丼 …………………………… 1,300 円
- サラダ仕立ての海鮮ビビンバ … 1,300 円

Saddle Back cafe

——サドルバックカフェ——

㊟ 小田原市江之浦 415
☎ 0465-29-0830
㊎ 11：00 ～ 19：00（LO 18：00）
㊡ 火曜日
※入店は 11 歳以上から

㊮ 小田原・厚木・西湘バイパス石橋 IC より車 20 分
㊫ 分煙・雨天時禁煙
Ⓟ 車 40 台
http://saddle-back.com/cafe/

窓からの景色は、一面に広がる空と海

江の浦テラス／小田原

四季折々の花々が出迎えるこちらは、宿泊施設に併設されたカフェ。自然の中にあって、動物たちも訪れる

相模湾の海に浮かぶように佇むカフェ

小田原旧街道沿いの看板を目印に、狭い坂道を下っていくと「江の浦テラス」がある。そこは相模湾を眼下に三浦、房総半島を一望できる絶景スポットだ。街道から少し離れているためとても静かで、鳥のさえずりだけがBGM。テラスでは猫達がのんびり散歩をして、時には猿も訪れるそう。小田原の江之浦はミカン栽培が盛んな地区。5月の連休明けには、ミカンの花の爽やかな匂いがあたり一帯に広がるという。自然を全身で感じられる癒やしのカフェだ。

1. テラスからの景色は、誰もが心奪われる **2.** お手製のオレンジジュースは甘くてすっきり。早生みかんやセミノールオレンジが原料 **3.** 愛くるしい散歩中の猫 **4.** 隠れ家のように利用したい宿泊部屋は5部屋

MENU／オレンジジュース ………………… 450円
（税込） コース料理 ………… 2,200円/3,500円
（2名以上で当日9時までに要予約）

自家製手絞りのオレンジジュースは瓶入りのお土産用も。2～3倍水で薄めて。650円(税込)

江の浦テラス

――エノウラテラス――

㊟ 小田原市江之浦 206-13
☎ 0465-29-0456
㊎ 11：30～14：00（LO）
㊡ 水曜日
㊋ 小田原・厚木・西湘バイパス石橋ICより車14分
㊐ 分煙
Ⓟ 車5台

UMICAFE 海 CAFE

横浜山手から海を眺めて

カフェラウンジ＆レストラン　ドルフィン／横浜

ガラス張りの店内から遠くの海を眺めよう。春には近くの森林公園に多くの桜が咲き誇る

ソーダ水を片手に午後のひと時を

『少年ケニヤ』などの作品を残す絵物語作家の山川惣治氏が、こちらを通りがかった際、眺望を気に入って1961年に創業した店。横浜山手の高台に位置し、眼下には工業地帯と海が広がる。

某有名女性アーティストの歌詞の中にも登場するドルフィン。その世界観を求めて来店する人々も少なくないそう。おすすめはやはりドルフィンソーダだ。遠くの海をゆっくり航行する船を眺めながら、のんびりとした午後のひと時をすごしたい。

店内からも海を望めるが、ベランダからの眺望も格別

1

2

3

4

1. ドルフィンソーダを目当てに来店する人も　**2.** 根岸駅より坂を上った右手。イルカの看板が出迎えてくれる　**3.4.** ランチは魚料理、肉料理、パスタ、カレーと豊富に取り揃え。サラダ、スープ、ドリンク、デザートがついて 2,160円（税込）

MENU（税込）／
ドルフィンオムライス ……… 1,300円
国産黒毛和牛サーロインステーキ… 3,800円
ドルフィンソーダ ……………… 800円

カフェラウンジ&レストラン ドルフィン

――カフェラウンジ&レストラン ドルフィン――

(住) 横浜市中区根岸旭台 16-1
☎ 045-681-5796
(営) 11：00～21：00（LO 20：30）
(休) 月曜日（祝日を除く）
(交) 京浜東北線根岸駅より徒歩 10 分
(煙) 禁煙
(P) 車 10 台
http://www.gourmet.ne.jp/dolphin/

UMICAFE
海
CAFE

美しい景色と〝幸せ〟に包まれる

ANNIVERSAIRE CAFÉ みなとみらい横浜／横浜

夕暮れの時間帯は空一面が夕日に染まり、美しいグラデーションを堪能できる

みなとみらいの絶景を独り占め

みなとみらいの運河に浮かんでいるかのように建つ結婚式場「アニヴェルセル みなとみらい横浜」。そこに併設されているカフェはみなとみらいの絶景を一望することができる知る人ぞ知るスポットだ。

目の前に広がる大きな空、輝く水面、きらめく夜景……。年に数回は氷川丸が帆を広げる姿も見ることができる。春と秋は店内とテラスが一つにつながり、オープンエアカフェに。そこにいるだけで、幸せな空気に包まれるだろう。

結婚式場にありながら、誰でも入店可能。週末は9時から営業しているので、テラスでブランチがおすすめ

1. 白を基調としたシックで落ち着いた店内　**2.** 京都・小川珈琲焙煎のこだわりのコーヒー豆を使用「カプチーノ」（741円）　**3.**「マスカルポーネクリームとキャラメルアイスクリームのパンペルデュ エスプレッソソース」（1,204円）**4.** コーヒーとともに味わいたいケーキも並ぶ（649円）

MENU／ミックスベリーとバニラアイスクリームの
パンペルデュ……………………… 1,297円
みなとみらいブリーズ　………… 834円

ANNIVERSAIRE CAFÉ みなとみらい横浜

――アニヴェルセル カフェ ミナトミライヨコハマ――

(住) 横浜市中区新港 2-1-4
☎ 045-640-5188
(営)〈月・水・木〉12：00～15：00（LO 14：00）
〈金〉12：00～22：00（LO 21：00）
〈土・日・祝〉9：00～22：00（LO 21：00）
(休) 火曜日　※祝日の場合は営業
(交) JR 桜木町駅より徒歩 8 分、みなとみらい線みなとみらい駅より 徒歩 7 分
(煙) 禁煙
(P) 付近の駐車場をご利用下さい
http://cafe.anniversaire.co.jp

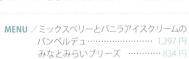

横浜駅近くでリゾート気分

Butter 横浜ベイクォーター／横浜

スフレパンケーキに、ふわふわのホイップクリーム、ミックスベリーのオリジナルソースとリッチミルクソフトクリームを添えた「ふわふわのミックスベリーのホワイトタワー」（1,380円）

船で名所を回ったらこだわりのパンケーキを

横浜駅から徒歩3分にある横浜ベイクォーターに2014年にオープンした「Butter」は、国産素材にこだわったパンケーキが人気の店だ。店のすぐ横には横浜・みなとみらい・山下公園を回る水上バス「シーバス」の乗船場がある。「横浜・みなとみらいには多数のパンケーキ屋さんがあります。船でお店を巡って色々味わってほしい」。下船してすぐのButterのテラスで、店名が示す素材へのこだわりを感じてほしい。

行列もできる
人気のお店。
比較的空いている
午前中がおすすめ。
清々しい空気の中で
パンケーキを！

1. リゾートをイメージした明るい店内 **2.** 厳選した北海道のバターを使用したパンケーキ。日本人の味覚に合うよう優しい甘さ。「苺とクレームブリュレのパンケーキ～フランボワーズソース～」（1,380円） **3.** 人気の「クレームブリュレ窯出しフレンチパンケーキ」（1,180円）

MENU ／ランチメニュー …………………… 1,080円～
ランチドリンクバー（平日）…… ＋100円
（週末）…… ＋280円

Butter 横浜ベイクォーター

――バターヨコハマベイクォーター――

㊟ 横浜市神奈川区金港町 1-10
横浜ベイクォーター 2F
☎ 045-620-5069
㊖ 10：00 ～ 22：00（LO 21：00）

㊡ 横浜ベイクォーターに準じる
㊣ 横浜駅より徒歩 3 分
㊭ 禁煙
Ⓟ 車 730 台
http://www.butter-pancake.com

シャッターを押したくなる風景

&ima —写真を愉しむ家—／横浜

「写真を愉しむ家」をテーマに、空間全体を一つの家に見立て、暮らしの様々なシーンに合わせた写真の魅力を体験することができる

表情を変える海、空。一瞬を逃さずに

豪華客船をイメージした外観のセレクトショップ「バーニーズ ニューヨーク横浜店」の7階にある「&ima」。エレベーターのドアが開くと、そこには写真スタジオ、ショップ、カフェが併設されたフロアが広がる。カフェスペースは海外のキッチンを思わせる、広々とした空間。窓からは横浜の港と東京湾が広がる。夏の晴れたクリアな空と海、冬の澄み切った空気の中でキラキラと光る街並み。シャッターを押したくなる瞬間に出会えるだろう。

1. 広々としたカフェスペース **2.** メニューは代官山の人気サンドウィッチ＆バー「キングジョージ」監修 **3.** 男性にも人気のスムージー「ベリーサンライズ」と「グリーンスムージー」（各 800 円） **4.** 鎌倉で話題のケーキショップ「POMPON CAKES」のチーズケーキ（Today's cake set 1,200 円）

MENU ／サンドウィッチ（パストラミビーフ）… 1,800 円
ハングリーナウセット（ドリンク 2 杯付き）
※ランチタイム限定 …………… 2,900 円

風景はもちろん、
色合いの美しい
ドリンクやフード、
洗練されたインテリア
など、シャッターポイント
がたくさん！

&ima ―写真を愉しむ家―

――アンド イマ ―シャシンヲタノシムイエ― ――

㊟ 横浜市中区山下町 36-1
バーニーズ ニューヨーク横浜店 7F
☎ 045-227-4081
㊎ 11：00 ～ 19：00（LO 18：30）
㊡ 不定休

㊈ みなとみらい線元町・中華街駅より徒歩 1 分
㊒ 禁煙
Ⓟ 車 20 台
http://and-ima.jp

鎌倉山の高台で自然の恵みを味わう

Cafe 鎌倉山エンクエントロ／鎌倉

素敵な出会いに溢れたお店を目指して

鎌倉山のバス停から徒歩1分の場所に佇む「Cafe 鎌倉山エンクエントロ」。バス停のロータリーに店名とメニューが書かれた看板が掛けられているため、「いつもバスを利用していて、ずっと気になっていたの」というお客さんも多いそう。

スペイン語で〝出会い〟を意味する店名には、「鎌倉山の自然や美味しい料理、心地よい音楽など、素敵な出会いに溢れたお店にできたら」という、オーナー・古山るり子さんの思いが込められている。

笑顔の花咲く
イベントを開催

自然・音楽・料理
〝出会い〟を楽しもう

「手作りするのが好きなんです」と話す古山さん。こちらでは、「焚火でパンを焼く会」「笑いヨガ」やライブなど様々なイベントを企画し、笑顔の輪を広げている。庭や近所の畑に野草を摘みに行き、自分で摘んだ野草を天ぷらにして味わう「野草摘みと手打ちうどんの会」では、「都会ではできない経験」と参加者の方々から喜ばれている。

こちらで味わえるメニューは全て古山さんが手作りしたもの。季節野菜の料理やスイーツはどこかホッとする味で、心も体も癒やしてくれる。「野の花や山の景色を見て、ゆっくりとおくつろぎ下さい」

1. 庭で育てているレモングラスとミントを使ったハーブティー（500円・税込）　**2.** 挽き肉とレンズ豆のカレーは梅ジャムが隠し味　**3.** レモングラスを摘む古山さん　**4.** 絶品のあんみつ。自家製あんこは甘さ控えめ。黒糖アイスと黒蜜との相性もグッド

MENU（税込）／

挽き肉とレンズ豆のカレー	…… 900円
土曜日限定プレートランチ	… 1,000円
黒糖クリームあんみつ	………… 450円

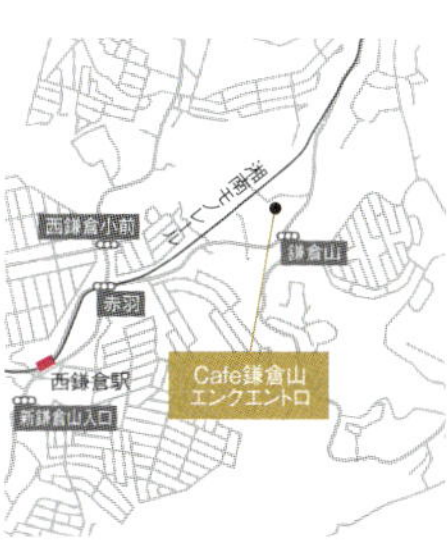

Cafe 鎌倉山エンクエントロ

——カフェカマクラヤマエンクエントロ——

㊟ 鎌倉市鎌倉山 4-9-9
☎ 0467-32-3814
㊢ 11：00～日没
㊡ 日～水
㊅ 鎌倉山バス停より徒歩１分
㊇ 全席禁煙
Ⓟ 車１台
http://kamakurayama-encuentro.com

英国の文化に気軽に触れる

House of Pottery／鎌倉

イギリスの自然の中に建つコテージのような店内。1階が雑貨店、2階がカフェになっている

ふらっと一人で訪れたい

「陶器の家」と名付けられたこちらのカフェは、建築士でもあるオーナー・荻野洋子さんの英国愛がぎゅっと詰まった特別な空間。雑誌『Country Living』の世界観を意識した店内は、素朴な温もりとセンスの良さが感じられる。一人で訪れてアンティークのカップでフレーバーティーをのんびりと楽しむ、そんな自分だけのひと時を過ごしていく人が多いそうだ。

1階ではイギリス製の食器や雑貨なども販売している。カフェと合わせて立ち寄りたい。

季節の花咲くテラス席には、1800年代のガーデナーをモチーフにした彫像が

1. テラスからは空が広く感じられる **2.** マッシュポテトと野菜や肉を混ぜ、パイ生地で包み込んで焼き上げた「コーニシュパスティ」。イギリスの伝統的な家庭料理だ **3.** 紅茶と合わせて楽しみたい、定番のレモンケーキ **4.**20年以上愛される自家製キッシュ

MENU ／キッシュ ………………………… 500円
コーニシュパスティ …………… 600円
今月のケーキ ………………………… 300円

House of Pottery

――ハウス オブ ポタリー――

住 鎌倉市鎌倉山 3-17-25
☎ 0467-32-0109
営〈1F ショップ〉10：00 ～ 18：00
営〈2F カフェ〉10：00 ～ 17：30
休 年末年始
交 鎌倉山バス停より徒歩 2 分
煙 テラス喫煙可
P 車 6 台
http://www.pottery.co.jp/

MORICAFE
森CAFE

窓の向こうは絶景
非日常を楽しもう

le milieu／鎌倉

晴れた日は、気持ちの良いテラス席もおすすめ。広い空と鎌倉山の自然。注文したケーキを待つ時もまた特別な気分に

最高のロケーションで
こだわりのケーキを

鎌倉山の「見晴」バス停で降り、坂道を歩いて行くと、右手に「le milieu」へと下る階段が現れる。店内には壁一面の大きな窓。その向こうに鎌倉山の大自然を望むことができる。

店内にはパティシエこだわりのケーキが常時20種類以上並ぶ。濃厚なピスタチオのムースの中にチェリーのジュレとムースを入れた「シシリエンヌ」は、人気の逸品。また、サクサクのパイとカスタードを組み上げたミルフィーユもおすすめだ。ドライブや観光の休憩に訪れてみては。

1. 笑顔で出迎えてくれる、スタッフの佐藤美帆さん **2.** チェリーの爽やかさがアクセントになっている「シシリエンヌ」 **3.** カカオ70%のなめらかなムースショコラに、マールドシャンパーニュ（ブランデー）を合わせた「マール」

MENU ／シシリエンヌ ………………… 560円
マール ………………… 550円
ミルフィーユ ………………… 530円

le milieu
――ル ミリュウ――

㊟ 鎌倉市鎌倉山 3-2-31
☎ 0467-50-0226
㊚ 9：00～18：00（LO 17：30）
㊡ 不定休
㊋ 見晴バス停より徒歩 1 分
㊏ テラス席喫煙可
Ⓟ 車 10 台
http://www.lemilieu-kamakurayama.com

MORICAFE 森CAFE

絶景の洋式庭園と絶品の自家製パン

石窯ガーデンテラス　鎌倉

お寺の境内に佇む旧貴族院議員の洋館

鎌倉駅前からのんびりバスに揺られて15分。浄明寺の境内の奥に佇む瀟洒《しょうしゃ》な洋館がカフェレストラン「石窯ガーデンテラス」だ。こちらは、貴族院議員・犬塚勝太郎の屋敷であった築90年のドイツ建築をほぼそのままの形で残しているため、店内は豪華なシャンデリアや美しいステンドグラスなど見所がたくさん。また、ウッドテラスの前に広がるイングリッシュガーデンには四季折々の花が咲き、一年を通じて見る者の心を和ませてくれる。

心浮き立つアンティークに囲まれて

心地よい風を感じながら非日常を味わおう

訪れた人が歓声を上げる庭園は、著名なガーデンデザイナー、ニコラス・レナハンによるもの。日本の伝統的な庭園と異なり、イングリッシュガーデンは歩いてこその魅力が分かると言われている。他の建物が視界に入らないため、非日常的な時間を心ゆくまで過ごすことができるだろう。

おすすめは旬の素材を使った前菜とメイン（お肉、お魚）、ドリンクが付いた満足感たっぷりのコースだ。ホップ種を使った風味豊かな自家製パンもおすすめ。館内の販売所ではお土産に買って帰る人も多く、午後には売り切れてしまうものもあるのでご注意を。

1. 小麦の甘みとホップの柔らかな苦み・酸味を感じる風味豊かなパン。富士山の溶岩を使った窯で焼き上げる **2.** 本日の魚料理（サーモンのパイ包み） **3.** 本日のパスタ（はまぐりと釜揚げしらすのアーリオ・オーリオ） **4.** 建物は築 90 年以上のドイツ建築

MENU／メインセット …………………… 2,800 円～
パスタセット ……………………… 2,600 円
アフタヌーンティーセット …… 2,800 円

石窯ガーデンテラス

──イシガマガーデンテラス──

㊟ 鎌倉市浄明寺 3-8-50
☎ 0467-22-8851
㊢ 10：00 ～ 17：00
㊡ 月曜日（祝日の場合は翌日）・年末年始
㊖ 浄明寺バス停より徒歩 5 分
(煙) 完全禁煙
Ⓟ 車 20 台
http://www.ishigama.info

絶景と旬の料理が おもてなし

NEST／鎌倉

アットホームな隠れ家カフェ

北鎌倉駅から徒歩8分。坂道をのんびりと進んで行くと、右手に細い階段が現れる。階段を登り木々の間を進んで行けば、目指す「NEST」はもうそこだ。

　山の斜面に建てられているためフロアは地上3階の高さにあり、テラスからは鎌倉の山や町並みがはるか遠くまで見渡せる。「この景色が一番のおもてなしなんです」、そう言って笑みを浮かべるオーナーの柳田八重子さん。何度も訪れたくなる、とっておきの空間に出会いに行こう。

柔らかな日差しと風が
穏やかな時間を演出する

旬を味わえるランチと風味豊かなスイーツ

店内は、若手作家の作品を展示するギャラリーになっている。絵、版画、焼き物、ガラスなど、展示内容は毎回様々だが、どれもこの店の柔らかな雰囲気にマッチした作品ばかり。

また、こちらに来たらぜひ試してほしいのが、体に優しいランチやスイーツ。春には掘りたての筍、夏には新牛蒡《ごぼう》や新蓮《ばす》、秋には茸など、旬の食材がふんだんに使われている。小麦粉を一切使わない濃厚な「鎌倉チーズケーキ」は、贈り物に選ぶ人もいるという人気商品。「北鎌倉の豊かな自然や作家さんたちの作品を眺めて、穏やかな時間を過ごしていただけたら嬉しいですね」

1. 旬の食材を使ったランチ。ご飯はその日の朝、七分づきについた玄米と黒米を混ぜて作る　**2.** 季節の花が出迎えてくれる入口　**3.** クリームチーズをたっぷり使ったチーズケーキ　**4.** 作品の飾られた店内。展示は 1 ～ 2 カ月ごとに入れ替える

MENU／季節のランチ …………………… 1,500 円
ハンバーグセット …………… 1,500 円
鎌倉チーズケーキ …………… 500 円

NEST

――ネスト――

㊟ 鎌倉市台 1399-1
☎ 0467-47-9540
㊖ 10：00 ～ 18：00
㊡ 火曜日

㊯ JR 横須賀線北鎌倉駅より徒歩 8 分
㊫ 全席禁煙
Ⓟ なし
http://www3.tky.3web.ne.jp/~nest/

愛され続ける北鎌倉の名店

喫茶 吉野／鎌倉

テラス席では、木々の間を吹き抜けてゆく、爽やかな風を感じられる

二代にわたり守り継ぐ 景観とコーヒーの味

東慶寺の入口脇にオープンして37年。地元の人だけでなく、観光客からも長く愛されている「喫茶 吉野」。アンティークの家具が並ぶ、まさに〝古き良き時代の喫茶室〟といった佇まいは、年輩の方には懐かしく、若い世代には新鮮に映るのだそう。

おすすめは、ドライフルーツや洋酒をたっぷり使用したフルーツケーキ。「美味しかったから」とお土産に持って帰る人もいるという。サンルームやテラス席で季節の花々を愛でながら、ゆっくりと楽しみたい。

濃くしっかりとした味わいのブレンドコーヒーはファン多数

1. サイフォンで一杯ずつ丁寧に淹れるコーヒー **2.** レトロな風情に癒される **3.** 濃厚なフルーツケーキに、しっかりとした苦みのブレンドが良く合う **4.** サンルームの窓の外には緑が広がる

MENU／（税込）

ブレンド	580円
フルーツケーキ	430円
セットメニュー(コーヒー＋スイーツ)	950円

喫茶 吉野

——キッサ ヨシノ——

㊟ 鎌倉市山ノ内 1379
☎ 0467-24-9245
㊎ 10：00～16：30（LO）
㊡ 不定休
㊋ JR 横須賀線北鎌倉駅より徒歩 3 分
㊌ テラス席のみ喫煙可
Ⓟ なし

数寄屋造りの建物が情趣を誘う

明月院 月笑軒／鎌倉

体を優しく癒やしてくれる抹茶と和菓子のセット。和菓子は落雁・羊羹・求肥が三段重ねになった「出雲三昧」

古刹に佇むお茶処で静寂に包まれて

朱塗りの傘の下で、しばしの間リラックス

アジサイの名所としても知られる北鎌倉の古刹・明月院の入口を進むと、程なく左手に侘びた佇まいの建物「月笑軒」が現れる。数寄屋造りの店内は天井が高く、穏やかな気持ちで一息つくことができる。一番人気は抹茶と和菓子のセット。散策に疲れた体をそっと包んでくれるだろう。

実はこちら、雨の日に訪れるのもおすすめ。窓外の石樋からは滝が流れ、濡れた緑は鮮やかさを増す。雨音だけがBGMに流れる中、静かに自分だけの特別な時間を過ごしたい。

1

2

3

4

1. 四季折々の自然が窓外に広がり、ゆったりと寛げる店内　**2.** 緑豊かな境内に溶け込むように建つ表門　**3.** 表門を入ると水琴窟が。自然が生み出す美しい音色を楽しもう　**4.** 多くの参拝者で賑わう明月院の方丈

MENU（税込）	抹茶と和菓子	700円
	コーヒーとクッキー	600円
	ブルーベリージュース	600円

明月院 月笑軒

──メイゲツイン ゲッショウケン──

㊟ 鎌倉市山ノ内189明月院
☎ 0467-24-3437
㊐ 10：00～15：45
㊡ なし
㊛ JR横須賀線北鎌倉駅より徒歩10分
㊝ 全席禁煙
Ⓟ なし

ただ静かな時間が心を解きほぐす

如意庵茶寮安寧 an-nei ／鎌倉

建物内には茶室も。毎週月曜日にはここで茶道・華道・日本舞踊の教室が開かれている。体験希望の方はお問合せを

ゆったり、のんびり
自分を愛でる時間

北鎌倉を代表する禅寺・円覚寺の境内にある「安寧《あんねい》」。実はここ、「如《にょ》意庵《いあん》」という塔頭《たっちゅう》の中にある茶寮なのだ。縁側の向こうには緑まぶしい庭園が広がり、見る者を癒やしてくれる。メニューも、濃い目に点てた抹茶ソースが決め手のあんみつや、高知県産の柚子を使用したゆずジュース等、ひと手間かけたこだわりのものばかり。「仕事や家事などを一時でも忘れ、自分を愛でる時間を過ごしていただけたら」とオーナー・星野恵子さんは語る。

1. 禅寺の落ち着いた空気が漂う **2.** 月に一度、第2土曜日のみ提供される「花むすび膳」は、旬の野菜がふんだんに使われている **3.** 暑い日にぴったりのゆずジュース。冬はホットでも **4.** 抹茶アイスと白玉の、素材の冷温や食感の違いを楽しんで

MENU（税込）
- 花むすび膳（要予約）………… 2,500円
- 安寧あんみつ ………………… 1,000円
- ゆずジュース（冷・温）………… 500円

如意庵茶寮安寧 an-nei
――ニョイアンサリョウアンネイ――

- (住) 鎌倉市山ノ内425円覚寺
- ☎ 080-7741-0683
- (営) 10:00～16:00（第2土曜日限定のランチ 11:30～ 予約優先 この日のみ甘味 15:00～16:00）
- (休) 日・月・火、第1・3・4・5土曜日
- (交) JR横須賀線北鎌倉駅より徒歩10分 円覚寺境内
- (煙) 禁煙
- (P) 円覚寺門前に有料駐車場有り

MORICAFE
森
CAFE

芦ノ湖の大自然に抱かれ

Bakery & Table 箱根／箱根

絶景を望む席で美味しいパンを

箱根駅伝往路のゴール、復路のスタート地点としても知られる箱根芦ノ湖。天気の良い日には富士山を望める芦ノ湖は、周りを箱根連山に囲まれた自然豊かで静かな湖だ。のどかな湖畔には遊覧船が行きかい、手漕ぎボートを楽しむ恋人たちや、釣人がのんびりと時間を過ごしている。芦ノ湖と緑の芝生を挟んで建つ「Bakery & Table 箱根」は焼き立てパンとバリスタが淹れる美味しいコーヒーを味わえるカフェ。大自然を前にゆっくりと過ごしたい。

芦ノ湖のほとりでくつろぎの時間を

店内で焼く美味しいパンを求めて

2013年にオープンしたこちらは、こだわりのパンを提供するカフェ。厳選素材を使い、店内で焼き上げる60～80種類のパンが入れ替わりに店頭に並ぶ。バリスタが淹れるコーヒーと一緒に焼きたてを味わえるのが嬉しい。1階は、ベーカリーショップと芦ノ湖を前に足湯でくつろげるテラス席を用意。足湯に浸かりながらカフェを楽しめる贅沢な席だ。2階のカフェスペースは前面がガラス張りで芦ノ湖の絶景が広がり、ゆったりとした時間を過ごせる。しっかり食べたいときには3階のオープンキッチンレストランへ。旅の途中に訪れたいカフェだ。

ゆっくりと遊覧船が
行きかう景色が
心を癒してくれます

1. ペット同伴ができる足湯カウンター **2.**1 階のベーカリーショップ **3.** ベーカリーショップで購入したパンは、前面がガラス張りの 2 階で

MENU ／（税込）

米粉のカレーパン	……	346 円
クリームパン	……	206 円
コーヒー	……	518 円

大芝
Bakery & Table 箱根
元箱根港
芦ノ湖

Bakery & Table 箱根

——ベーカリーアンドテーブル ハコネ——

㊟ 足柄下郡箱根町元箱根字御殿 9-1
☎ 0460-85-1530
㊖ ［カフェ］8：30 ～ 17：00（LO 16：30）
［ベーカリー販売］10：00 ～ 17：00
［レストラン］11：00 ～ 18：00
（LO 17：00）

㊡ 不定休
㊫ 芦ノ湖元箱根港より徒歩 1 分
煙 全席禁煙
Ⓟ なし
http://www.bthjapan.com

箱根連山の森に囲まれた湖

La Terrazza 芦ノ湖／箱根

季節の移ろいとともに様々な表情で迎える

箱根観光に欠かせない芦ノ湖。ゆったりと遊覧船が行きかう芦ノ湖は、火口原に水が溜まってできた湖だ。周辺には、箱根神社や箱根関所など観光スポットが点在し、多くの観光客で賑わう。

　ここで何よりも圧倒されるのが箱根連山を背景に望む芦ノ湖の大自然だろう。春は清らかに咲く桜、夏は緑あふれる木々、秋は山々を彩る紅葉、冬はしんしんと降り積もる雪。四季折々の表情を見せる芦ノ湖。季節の移ろいごとに訪れてみたい。

芦ノ湖を目前に緑に囲まれた
テーブルでのひとときを

本場イタリアの味を箱根で再現

元箱根港からすぐ近く、前面がガラス張りの店内からは芦ノ湖を正面に眺めることができる「ラ・テラッツァ芦ノ湖」。イタリア・ナポリから取り寄せた特大の石窯で焼く30種類ものナポリピッツァを提供。小麦粉、トマトソース、チーズも全てナポリから取り寄せ、ワインと共に本場の味が楽しめる。また箱根西麓野菜や、小田原・沼津港で仕入れた鮮魚を使ったイタリアンも。モーニング、ランチ、カフェ、ディナーと時間帯に応じたメニューを用意しているので、用途に合わせて利用できるのも嬉しい。箱根の大自然を感じながら美味しい料理で至福の時間を。

1. 芦ノ湖を目前に自慢のピッツァを楽しめる　**2.** レストランのほか、「玉村豊男ライフアートミュージアム」を併設　**3.** 玉村豊男デザインのオリジナルグッズを販売　**4.** 玉村豊男（エッセイスト、画家、ワイナリーオーナー）

MENU／マルゲリータ ……………………… 1,800 円
（税込）　もち豚と玉ねぎのソース
手打ちパッパルデッレ………… 1,400 円

La Terrazza 芦ノ湖

——ラ・テラッツァ アシノコ——

㊟ 箱根町元箱根 61
☎ 0460-83-1074
㊢ 〈平日〉10：30 ～ 20：00（LO 19：30）
〈土・日・祝〉9：00～20：00（LO 19：30）
㊡ 無休（2 月に臨時休業あり）
㊦ 箱根登山バス箱根神社入口より徒歩 1 分
㊫ 全席禁煙
Ⓟ 車 18 台
http://www.la-terrazza-ashinoko.co.jp

旅の途中に訪れたい癒やしカフェ

NARAYA CAFE／箱根

こちらから入って階段を下りたカウンターで注文を。坂道を少し下った足湯の右手奥からもカウンターへ行ける。店内に 20 席、足湯 20 席を用意

どの窓からも箱根の山々を一望

箱根登山鉄道宮ノ下駅のすぐそばに、足湯がある。その足湯に併設しているのがこちらのカフェだ。昭和20年代に建てられた商店街の店舗をリノベーションしたレトロモダンな店内は、どこか懐かしい日本を感じさせ、窓から見える箱根の山々が癒やしをもたらしてくれる。足湯を挟んでカフェの向かいには近隣に在住する木工作家の作品が並ぶ「ならやあん」があり、お土産として買うことも。こちらでも、足湯に浸かりながらでもカフェメニューを楽しめる。

1.「ナラヤパフェ」はもちもちの白玉と甘さ控え目の餡とソフトクリームのハーモニー。奥はアイスカフェラテ **2.** ならやあんオリジナル商品も並ぶ **3.** 足湯は利用無料 **4.** ならやあんから望む箱根の山々

MENU ／ナラヤパフェ ………… 550円
（税込） 柚子スカッシュ ………… 450円
アイスカフェラテ ………… 450円

築50年を超える古い建物をリノベーション

NARAYA CAFE

——ナラヤカフェ——

住 足柄下郡箱根町宮ノ下 404-13
☎ 0460-82-1259
営 10：30 ～ 18：00
〈12 ～ 2 月〉～ 17：00
休 水曜日・第４木曜日
交 箱根登山鉄道宮ノ下駅よりすぐ
煙 全席禁煙
P 車３台
http://www.naraya-cafe.com

湖に浮かぶように佇むカフェ

サロン・ド・テ ロザージュ／箱根

「ロザージュ」は、紅茶に矢車菊、ひまわり花をちりばめた、森いちごとルバーブのオリジナルフレーバーティー

大自然の中で至福の一杯が楽しめる

箱根・芦ノ湖畔沿いに車を走らせると緑の中にモダンな建物が現われる。湖に隣接したその建物は、まるで湖に浮かぶように佇む。そこは、「小田急 山のホテル」直営店カフェ「サロン・ド・テ ロザージュ」。紅茶の美味しい店として知られ、こだわりのケーキと季節の移ろいに合わせて用意されるデザートで、ゆっくりとしたひと時を過ごせる。テラスに出れば、芦ノ湖を目の前に箱根の大自然を肌で感じることができるだろう。

1.「おいしい紅茶の店」として日本紅茶協会に認定された。こだわり抜いた紅茶は常時20種類以上 2. 湖が目の前 3. ガラス張りの店内は、落ち着いた造り 4.「ロザージュ伝統のあつあつりんごパイ」がおすすめ

MENU（税込）	ロザージュ伝統のあつあつりんごパイ	1,604円
	ロザージュティー	950円
	季節替わりの紅茶	891円〜

2階のプレミアムショップロザージュではケーキやジャム、もちろん紅茶も販売しているので、お土産にどうぞ

サロン・ド・テ ロザージュ

――サロン・ド・テ ロザージュ――

住 足柄下郡箱根町元箱根80
☎ 0460-83-6321（小田急 山のホテル）
営 10:00 ～ 17:00（1FはLO 17:00）
休 無休
交 芦ノ湖大観ICより約10分。元箱根港より徒歩15分（元箱根港から送迎あり）
煙 禁煙
P 車100台
http://www.hakone-hoteldeyama.jp/restaurant/rosage/

高台より、山北の大自然を眺望

カフェ リーフス／足柄

牛乳ようかん、レアチーズケーキ、日替わりのシフォンケーキは定番。全て井上さんの手作り（各 300 円・税込）で

森と一体化したような至福の時間を

頂上付近は牧場となっていて、のどかな風景が広がる大野山。二〇一七年に開園した山北つぶらの公園も富士山が見える絶景スポット。その麓にあるのが「カフェ リーフス」だ。

一年以上の時間をかけて建てられた店内は、オーナー井上伸大さんのこだわりが随所に現れている。春夏秋冬、天候や時間帯で違う表情を見せる景色を、どの席からも眺めることができるのだ。木を基調とした温もり感じる店内での一杯は特別の時間をもたらしてくれる。

1. 井上さんとの会話を楽しみに来る常連客も **2.** コーヒーは山北の名水でドリップ **3.** 国道 246 号線からも外観が見られる **4.** 全ての窓がまるで絵画のよう

MENU（税込）／ブレンド ………………………… 500 円
ストレート珈琲 8 種類・紅茶・ココア
etc ……………………… 600 ～ 1,000 円

オーナー自ら手がけた店内には、木製の動物たちが。訪れた時に探してみて！

カフェ リーフス

――カフェ リーフス――

㊟ 足柄上郡山北町山北 3421-2
☎ 0465-75-0222
㊢ 11：00 ～ 18：00
〈金・土・祝〉～ 19：00
㊡ 木曜日
㊫ JR 御殿場線山北駅より徒歩 20 分
㊠ 禁煙
Ⓟ 車 4 台

湖のほとりで 絶品のコーヒーを

CAFA COFFEE きの子茶屋／相模湖

大きな窓から、景色がきれいに見える。冬は暖炉の火が室内を暖める

木のあたたかさを感じられる店内

相模湖のほとり、国道沿いのドライブインを改装して生まれ変わったこちらのカフェは、建具やテーブルなどに木の風合いを活かしている。目の前には青い湖が広がり、緑の樹々が生い茂る。

おすすめはコーヒー発祥の地・エチオピアの森で育った野生のコーヒー。無農薬で身体にやさしく、上質な味を楽しめる。自家製の天然酵母パンで作るハニーバタートーストやピザトーストも、ほっぺが落ちる美味しさ。

1. まろやかで香り豊かなエチオピアの野生のコーヒー豆を使用（500円・税込）　**2.** ウッディな外観　**3.** 自家製の天然酵母パン、米粉のマドレーヌ、ジャムなどを販売

MENU（税込）／

ピザトースト	680円
ハニーバタートースト	480円
マドレーヌ	250円

CAFA COFFEE きの子茶屋

──カフェ コーヒー キノコチャヤ──

住 相模原市緑区吉野569
☎ 042-687-3434
営 10：00～19：00（LO）
休 不定休
交 JR相模湖駅より車5分
煙 禁煙
P 車20台

MORICAFE 森 CAFE

水と緑が芸術を育み、心を癒す

笑花食堂／藤野

この地に魅せられたアーティストたち

ＪＲ中央線や中央自動車道が通り、都心から１時間圏内にありながら、豊かな水と緑に囲まれた藤野。観光に訪れる人波は近隣の高尾山や相模湖へと向かうため、静かな山間の集落が続く藤野を愛する人は多い。第二次世界大戦中は、藤田嗣治、猪熊弦一郎、佐藤敬など、日本を代表する画家たちが疎開し、創作活動をしていたという。１９８０年代からは芸術活動の振興に町を挙げて取り組み、画家や陶芸家など多くのアーティストたちが移住している。

大地の恵みで 体と心を癒す

藤野の自然に「いただきます」

藤野駅からバスで7分、「ふじのアート・ヴィレッジ」では、周辺に住む作家たちが作品展示や制作実演を行っている。敷地内の「笑花食堂」は、ヴィレッジを訪れる様々な人が利用するカフェ&レストラン。ドライブの途中で立ち寄る人も多いという。

こちらの食事は玄米菜食が基本。地元の野菜を使い、オーガニックの調味料を使用する。心と体、そして地球にもやさしい料理だ。店を切り盛りするのは、藤野に魅せられて都内から移住してきた植松紀世乃さん。「お肉が入って無くても野菜だけで美味しいんだね、と言われると嬉しいですね」と笑顔を見せた。

1. 窓枠から山の緑が見え、四季折々の変化は、まるで絵画のよう　**2.** くつろげるソファ席　**3.** 車麩の照り焼き定食（900円・税込）。自然栽培玄米、一番人気の車麩の照り焼き、藤野産自然栽培の野菜のサラダなど　**4.** かわいらしいパステルピンクの外観

MENU／お野菜・和カレー……………………850円
（税込）　上州高原鶏の唐揚げ定食　……1,000円
柚子の里 藤野の柚子みつソーダ……450円

笑花食堂

──ワラハナショクドウ──

㊟ 相模原市緑区牧野 5570
☎ 090-5495-4923
㊢ 11：00 ～ 18：00
㊡ 金～日（金～日は同じ場所で「藤平ピザ」を営業）
㊋ JR 藤野駅よりバス 7 分「藤野芸術の家」下車すぐ
煙 分煙
Ⓟ 車 16 台
https://warahana.therestaurant.jp

樹々の間から やさしい風を感じて

Café Restaurant Shu／藤野

数々のミュージシャンによるジャズ、クラシック、民族音楽などジャンルを問わないライブを開催。絵や写真の展覧会も

樹々に集う鳥たちがコンサートを開く

町を挙げて芸術家をサポートする藤野。地元で生まれ育った「Shu」のオーナー森久保周一さんは、移住者と地元の人が交流できる場を作りたいと思い、自宅を改築してこの店を作った。庭に植えた樹々はあまり手を入れずに、雑木林の趣を大切にしているという。いつの間にか、鳥たちが合奏を始めた。

食材は大切に育てた無農薬野菜を使用。サバやチキンなどの燻製も自家製だ。おすすめはオーナーが数日かけて仕込んだ野菜たっぷりチキンカレー。

緑のカーテンが四季折々の表情を見せてくれます。テラスではワンちゃんもどうぞ！

1. 敷地内の燻製器で、サバを燻製中 **2.** サバの燻製定食（1,300円・税込） **3.** 店内からも緑が目にまぶしい。藤野の芸術家の造形作品をオブジェとして随所に飾っている

MENU（税込）／
野菜たっぷりチキンカレー … 1,200円
スモークチーズケーキ(森のイプセ)…… 600円
シソラッシー …………………… 450円

Café Restaurant Shu

──カフェレストラン シュウ──

㊟ 相模原市緑区日連 981
☎ 042-687-2333
㊠ 11：00 〜 21：00（LO 20：30）（平日は 15：00 〜 17：00 休憩）
㊡ 月・火 ※祝日の場合は営業
㊋ JR 藤野駅より徒歩 18 分
煙 分煙
Ⓟ 車 10 台
http://cafe-shu.com

美しい木々と花々に包まれた空間

café KO-BA／藤沢

閑静な住宅街の先に現れる「森カフェ」

長後駅を降りるとホームからこんもりとした森を見つけることができる。目指すカフェはそこにある。駅前に広がる閑静な住宅街。この先に「森カフェ」があるのかと一瞬不安になる。しかし、一本道をまっすぐ進んでいくと、先にカフェの看板を目にする。

大きな欅の木の下には、イギリスの湖水地方をイメージした建物。庭には季節の花々が咲き乱れ、木々や花々がまちの喧騒を遠ざけているかのような、別世界が現れる。

美味しい料理と自然の中でのドッグランを満喫

工場からＫＯ－ＢＡに温もり感じるカフェ

オープンは2003年。現役を引退した男性13人が集まって喫茶店を始めたのが「ｃａｆé ＫＯ－ＢＡ」の始まりだ。もとは藤沢の老舗ラーメン店の製麺工場だった場所。そこから名前をとった。今では、開業当時からマスターを務める武田さんと店長の中新田さんが中心となり店を盛り上げる。

併設されたドッグランには、週末になると犬を連れた人も多く訪れ、自然の中で犬との時間を楽しんでいる。「おもてなしはプロのつもり。一杯立てのコーヒーを飲みながらゆっくりとくつろいでいただければ」。それが、スタッフの思いだ。

1. 自家製ソースが人気の季節のパスタ（サラダ・ドリンク付き 1,180 円・税込）　**2.** マスターの武田さんとのトークを楽しみに来る人も　**3.** 食後におすすめの自家製はちみつ添え濃厚ヨーグルト（530 円・税込）**4.** 木漏れ日が心地よい店内

MENU／じっくり煮込んだやわらか Beef カレー
（税込）（サラダ付）……………………………… 950 円
ブレンドコーヒー　……………… 390 円

café KO-BA

——カフェ コーバ——

㊟ 藤沢市高倉 731
☎ 0466-43-4641
㊢ 10：30 ～ 19：00
（10～3月 ～ 18：00）
㊡ 年末年始

㊛ 小田急線長後駅より徒歩 6 分
㊝ テラス席喫煙可
Ⓟ 車 8 台
https://ja-jp.facebook.com/cafekoba

広い空と、青い湖に吸い込まれて

Orange Tree／宮ヶ瀬湖

私だけのとっておきの場所

ログハウスのテラスで、鳥のさえずりを聴きながらコーヒーを飲む。緑の樹々が目にまぶしく、私の心をほぐしてくれる。

庭の奥の小径を登ると、視界が一気に開けた。広い空と、青い湖。丹沢の山々に抱かれた宮ヶ瀬湖だ。遊覧船が、湖面にゆっくりと白い航跡を残している。車をちょっと走らせただけで、まるで外国のような景色に出会える、私だけのとっておきの場所。深呼吸をしたらテラスに戻って、コーヒーをおかわりしよう。

絵本から飛び出してきたかのような景色

樹々に囲まれたログハウス

宮ヶ瀬湖のほとりにたたずむ「オレンジツリー」は、樹々の緑に囲まれたログハウスのカフェ。横浜から1時間ほど車を走らせると、まるで絵本の中のような世界が目の前に現れる。ログハウスに最適と言われるカナダ産の木材「ウエスタンレッドシダー」を使った本格的な造りで、建物を見るのを目的に訪れる人もいるという。光の射し込む2階席や、地下にはギャラリーもある。

オーナーの石川和正さんはホテルの料理人として腕を磨いた経験があり、テーブルに並ぶのは「鶏肉のコンフィ」など手の込んだものばかり。リピーターが多いのも納得だ。

1. 鶏肉のコンフィ（パン or ライス & ドリンクセット 1,500 円・税込） **2.** テラスから緑を眺めて **3.** 冬は暖炉であたたまろう **4.** 年月を重ねるごとに風合いの出るログハウスの木材

MENU（税込）	コーヒー	450 円
	ケーキセット	800 円
	チキンカレー	1,000 円

Orange Tree

——オレンジツリー——

住 相模原市緑区鳥屋 1738-14
☎ 042-785-1887
営 10：00 ～ 17：00
休 月曜日
交 相模湖 IC より車約 25 分
煙 分煙
P 車 12 台

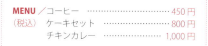

MORICAFE 森 CAFE

湖畔の窓辺で ゆるやかな時間を

カフェ オギッソ／宮ヶ瀬湖

季節や時間と共に、様々な表情を見せてくれる宮ヶ瀬湖。ダムのために造られた人造湖とは思えないほど、大自然を感じられる

絶品のサンドイッチと自家焙煎のコーヒー

宮ヶ瀬湖畔「カフェ オギッソ」の窓からは、四季折々の自然の息吹を感じられる。梅雨時の雨の日、山肌に霧が立ちこめて流れて行く様は幻想的だ。風が穏やかな朝は、湖面に山の緑が映り込む。夏は、湖面を吹き抜ける風が肌に心地よい。

サンドイッチはその日の朝にパン屋から仕入れた焼きたてのパンを使用。ふわふわ卵を挟んだオムレツサンドを、自家焙煎コーヒーと共に楽しもう。和栗や苺を使ったロールケーキなどのスイーツでティータイムもいかが。

湖面に面した席には湖の色を意識したタイルが敷かれ、湖との一体感を感じます

1. 湖は、すぐ目の前。ドライブの途中に立ち寄る人も多い **2.** 食器類はマイセン、ヘレンド、ジノリなどヨーロッパを中心とした高級磁器を使用 **3.** スイーツは全て自家製。一番人気は秋の和栗ロールケーキ（500円・税込） **4.** 冬は薪ストーブが体を芯から温める

MENU（税込）／
- 自家焙煎コーヒー …………………… 600円
- 各種サンドイッチ ……………… 600円〜
- 各種スイーツ …………………… 500円〜

カフェ オギッソ

――カフェ オギッソ――

- 住 愛甲郡清川村宮ヶ瀬 377-1
- ☎ 046-280-4715
- 営 11：30〜16：00（土・日 11：00〜）
- 休 月・火
- 交 相模原愛川 IC、東名厚木 IC より車 30 分 小田急本厚木駅より宮ヶ瀬行バス 50 分
- 煙 禁煙
- P 車 10 台

https://www.facebook.com/Oguisso

丘の上のカフェでコーヒータイム

tsukikoya／横須賀

店の２階はコーヒー専門のアトリエになっていて、様々な種類のコーヒーを飲むことができる

コーヒー好きが唸る 世界レベルの焙煎技術

1階は古民家風、2階はウッディな工房のような店内

坂道を登り、振り返れば、金沢八景の海と緑。丘の上で出迎えてくれるのは、京風数寄屋造りのカフェ「tsukikoya」だ。元々お茶室として造られた一軒家を、和モダンなカフェに改装したという。

景色や建物もさることながら、ここを訪れたらぜひ味わいたいのが、自家焙煎したスペシャルティーコーヒー。オーナーはコーヒーの国際ライセンスを有し、マスターは国際審査員を務めた経験の持ち主。店にはコーヒーにこだわりのある人々が集う。

1

2

3

1. フレンチトーストの有名店で働いていたことのあるオーナー。「tsukikoya」でもその経験を活かす **2.**1階は古民家風の造り **3.**コーヒーのカッピングをすることもできる。風味や香り、口に含んだ時の質感などをチェック

MENU ／	ジンジャーライスデザート付きセット	1,405円
（税込）	フレンチトーストとコーヒーのセット	972円
	窯焼きピザ	1,188円～

tsukikoya

――ツキコヤ――

住 横須賀市浦郷町 3-51
☎ 046-876-8988
営 11：00～22：00（LO）
休 不定休
交 京浜急行追浜駅より徒歩 20 分
煙 禁煙
Ⓟ 車 8 台
http://www.tsukikoya.com/

静かな山の中で 心ゆくまで

子安の里まりん／横須賀

気候の良い季節は、テラスでくつろぐ人がほとんど

親しい人と訪れたいもうひとつの〝別荘〟

三浦半島の中ほどにある静かな山里「子安の里」に佇むカフェレストラン。建物はログハウス風で、テラスはウッドデッキ。テーブルやイスにも木の温かみを感じられる。

青い空はやがて茜色へと変わり、夜は満天の星空に。週末になると県外から訪れる人も多く、葉山や逗子の別荘に滞在する人が、もうひとつの別荘のようにくつろいで行くという。「自然の中でゆっくりとひと時を過ごしていただきたい」と店長の畑山さん。

1. 店内には囲炉裏があり、冬は炭で火をおこす　**2.** 料理は地元の新鮮な食材を使用。三崎のマグロと佐島のしらすを半々に盛ったハーフ&ハーフの「あわせ丼」(1,650円・税込)　**3.** ワンプレートランチ（1,680円・税込）は1日10食限定　**4.** ベリーベリーブラウニー（1,000円・税込）

MENU（税込）
／炭焼コーヒー …… 500円
しらす丼 …… 1,350円
ハンバーグ御膳 …… 1,530円

子安の里まりん

——コヤスノサトマリン——

住 横須賀市秋谷 3621-2
☎ 046-857-6545
営 11:30～17:00(LO 16:30)
〈土・日・祝〉11:00～17:00(LO 16:30)
休 不定休
交 逗子ICより車約12分
煙 禁煙（喫煙所あり）
P 車15台
http://cafe-marine.com/

MORICAFE
森CAFE

異国情緒の街並みを歩く

しょうゆ・きゃふぇ／横浜

外国人居留地の面影を感じて

緑豊かで閑静な住宅街の横浜山手エリア。ミッションスクールをはじめ、小学校から大学までが林立する文教地区の一面も持つ。慶応3年に外国人に開放されて以来、外国人居留地として開発され、戦前に建てられた西洋館がその歴史を物語る。

大正15年に完成したエリスマン邸は、日本建築に大きな影響を与えた建築家A・レーモンドの設計。その一階にあるのが「しょうゆ・きゃふぇ」だ。木漏れ日が降りそそぐ店内で、特別なひと時を。

山手の散歩とともに訪れて

山手西洋館の中にあるカフェ

生糸貿易商であったスイス人フリッツ・エリスマン邸のキッチンを喫茶スペースにしたのがこちら。ここから徒歩3分のフランス料理店「エリゼ光」のシェフが考案した元祖生プリンが人気のカフェだ。素材を第一に選んだ卵は、相模原市の恵壽卵《けいじゅらん》。その卵黄を牛乳のムースの上に乗せてから、カラメルソースを注ぎ、軽く混ぜ合わせる。「口の中に入れた時に、プリンが完成するんですよ」と取締役の藤野恵子さん。トロリとした食感で、濃厚な黄身とムースとカラメルが絶妙なバランスだ。サンルームの窓一面に広がる緑と共に味わいたい。

1

春には窓から
桜が楽しめ、
梅雨時は眼下に
紫陽花の花が
美しい

2

3

1. 御殿場・天野醤油のもろみを使って発酵させた「しょうゆパン」450 円　**2.** 第 28 回神奈川県名菓展 菓子コンクール最優秀賞を受賞し、「神奈川県指定銘菓」に認定された「元祖生プリン 800 円」　**3.** シェフの六川光さんと取締役の藤野恵子さん

MENU ／季節の果物トロトロ濃厚ジュース 800 円
「山手蜂蜜」を添えた紅茶 ……… 750 円
軽食 ………………………… 1,400 円～

元町・
中華街駅
港の
見える丘
公園
しょうゆ・きゃふぇ
元町
公園
元町公園前

しょうゆ・きゃふぇ

――ショウユ・キャフェ――

㊟ 横浜市中区元町 1-77-4
（元町公園内）
☎ 045-211-1101
㊢ 10：00 ～ 16：30（16：00LO）
㊡ 第 2 水曜日

㊜ みなとみらい線元町・中華街駅より徒歩８分
㊧ 禁煙　Ⓟ なし
http://www.hama-midorinokyokai.or.jp/yamate-seiyoukan/cafe.php

Index

あ

か

さ

エー・アール・ティ鎌倉編集部

取材・撮影・本文　　堀内貴栄　尾花知美　宮本翼　糸岡佑利子

デザイン・DTP　　KAJIRUSHI

エー・アール・ティ 鎌倉編集部のご紹介

鎌倉編集部では、横浜・鎌倉・湘南地域のこだわりのお店を紹介する本を制作しています。また、エー・アール・ティでは、東京や日本の歴史文化を紹介する月刊誌『江戸楽』も発行し、地域に密着した情報をお届けしています。

『江戸楽』についてのお問い合わせはこちら

エー・アール・ティ
「江戸楽」編集部
〒103-0024
東京都中央区日本橋小舟町2-1
130ビル3F
TEL 03-5614-6600
http://www.a-r-t.co.jp/edogaku

神奈川　旅カフェ案内　海と森のすてきなCAFE

2018年6月30日　　第1版・第1刷発行

著　者　エー・アール・ティ鎌倉編集部
（エー・アール・ティかまくらへんしゅうぶ）
発行者　メイツ出版株式会社
代表者　三渡 治
〒102-0093　東京都千代田区平河町一丁目1-8
TEL：03-5276-3050（編集・営業）
03-5276-3052（注文専用）
FAX：03-5276-3105
印　刷　三松堂株式会社

ご意見・ご感想はホームページから承っております
メイツ出版ホームページアドレス　http://www.mates-publishing.co.jp/

編集長：折居かおる　　企画担当：折居かおる　　制作担当：清岡香奈

※本書は2016年7月発行の『神奈川　すてきな旅CAFE　～森カフェ＆海カフェ～』を元に加筆・修正を行っています。